प्रेम, विवाह, तलाकसंबंधी प्रश्नों के उत्तर

और भविष्य सुधार के उपाय

# पामिस्ट्री के अनुभूत प्रयोग–2

लेखक, संपादक

दयानंद वर्मा, निशा घई



डायमंड बुक्स

www.diamondbook.in

**प्रकाशक : डायमंड पॉकेट बुक्स (प्रा.) लि.**
X-30 ओखला इंडस्ट्रियल एरिया, फेज-II
नई दिल्ली-110020
फोन : 011-40712200
ई-मेल : sales@dpb.in
वेबसाइट : www.diamondbook.in

---

**Palmistry Ke Anubhut Prayog-II**

*By : Dayanand Verma, Nisha Ghai*

# भूमिका

# पामिस्ट्री संबंधी कुछ शंकाओं का निवारण

हमारे शिक्षार्थी हमसे पूछते हैं कि एक ही जीवन रेखा परिवार के विषय में बताती है, धन और जीवन शक्ति के बारे में भी। उसी तरह शनि रेखा भी विवाह, धन, संपत्ति आदि अनेक प्रश्नों का उत्तर देती है। हृदय रेखा, मस्तिष्क रेखा, मंगल रेखा आदि के भी अनेक अर्थ होते हैं। उनका प्रश्न होता है कि हम कैसे समझें कि किस रेखा का कब क्या अर्थ लगाना है।

अपने शिक्षार्थियों को हम जो उत्तर देते रहे हैं, वह यहां पाठकों को भी दे रहे हैं– शून्य (zero) से नौ तक के अंकों से करोड़ों की गिनती बनती है, संगीत में सात स्वरों के क्रम बदलने से हजारों राग बनते हैं। अंग्रेजी वर्णमाला (alphabet) के 'ए' से 'जैड' तक के 26 अक्षरों में संसार-भर की डिक्शनरियां समाई हुई हैं। ऐसे ही अलग. -अलग रेखाओं के योग और समन्वय से विश्व-भर के व्यक्तियों के भाग्य पढ़े जाते हैं।

जहां तक इस प्रश्न का संबंध है कि अमुक रेखा का अमुक हाथ में क्या अर्थ है, तो उसका निर्णय सवाली के प्रश्न और उसके प्रसंग के अनुसार लगाना होता है। जिस प्रकार शब्दों पर आधारित भाषा में प्रसंग के अनुसार अर्थ लिए जाते हैं, वैसे ही रेखाओं के अर्थ लगाए जाते हैं। उदाहरणत: 'अर्थ' शब्द का अर्थ 'धन' से भी है और 'आशय' भी है। अंग्रेजी अक्षर 'Right' का एक अर्थ 'दायां' है और 'ठीक' तथा 'अधिकार' भी है। एक शब्द Get का सामान्य अर्थ 'प्राप्त करना' है। इस शब्द के साथ अन्य शब्दों के योग से कितने

अर्थ निकलते हैं, इसका उदाहरण एक डिक्शनरी से यहां उद्धृत कर रहे हैं– Get away, get back, get down, get in, get off, get on, get out, get over, get throught, get together, get up इत्यादि। इसी प्रकार अन्य शब्द-योगों के भी उदाहरण दिए जा सकते हैं। इसे देखते हुए यदि हर रेखा के 'प्रसंग' के अनुसार अनेक अर्थ निकलते हैं, तो कोई आश्चर्य नहीं होना चाहिए, क्योंकि रेखाओं की भी एक भाषा है। इस पर वे ही नियम लागू होते हैं, जैसे अन्य भाषाओं के साथ होता है।

**–दयानंद वर्मा**

संस्थापक

इंस्टीट्यूट ऑफ पामिस्ट्री
डब्ल्यू-21, ग्रेटर कैलाश पार्ट-1
नई दिल्ली-110 048
फोन: 011-29242432/41630337
मोबाइल: 09910446002
ई-मेल: nishaghai@hotmail.com

# विषय सूची


1. पामिस्ट्री का बेसिक ज्ञान.......6
2. हाथ देखने के कुछ अन्य नियम.......11
3. हस्तरेखाओं का सामान्य परिचय.......14
4. हस्तरेखाओं से घटनाओं का काल जानना.......26
5. प्रेम, विवाह, तलाक तथा दांपत्य जीवन संबंधी प्रश्नों के उत्तर....30
6. कुछ हैंड प्रिंट्स और उनके फलादेश.......49
7. भविष्य सुधार के उपाय.......75
8. संकटमोचन हनुमानाष्टक.......86

# पामिस्ट्री का बेसिक ज्ञान

पामिस्ट्री में हाथ के दो विभाग हैं :

1. अंगूठा तथा उंगलियां
2. हथेली तथा हथेली के पर्वत।

**अंगूठा** (देखें चित्र 1/1)

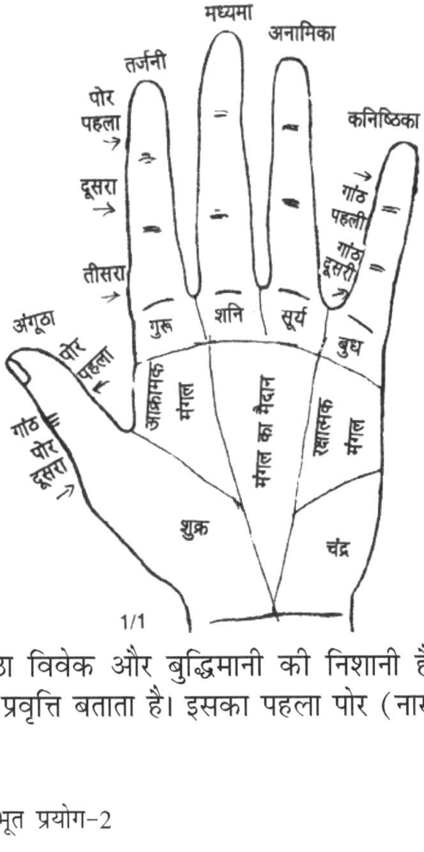

1/1

लंबा अंगूठा विवेक और बुद्धिमानी की निशानी है। छोटा अंगूठा जल्दबाजी की प्रवृत्ति बताता है। इसका पहला पोर (नाखून वाला पोर)

व्यक्ति की संकल्प शक्ति की मात्रा बताता है। जिनका पहला पोर बड़ा होता है, उनमें कर्मठता कम होती है। वे सोच-विचार अधिक करते हैं। छोटे अंगूठे वाले बिना सोचे-विचारे कार्य करते हैं।

## उंगलियां (पुनः देखें चित्र 1/1)

प्रत्येक उंगली के तीन पोर होते हैं। नाखून वाले पोर को पहला पोर कहते हैं। उसके बाद वाले मध्य पोर को दूसरा पोर कहते हैं। हथेली से जुड़े पोर को तीसरा पोर कहते हैं।

अंगूठे के साथ की पहली उंगली को **तर्जनी** कहते हैं। यह व्यक्ति के अहंभाव, सम्मान पाने की इच्छा बताती है। यदि यह उंगली सामान्य से अधिक लंबी हो तो व्यक्ति में दूसरों को दबाने की प्रवृत्ति होती है। यदि सामान्य से छोटी हो तो व्यक्ति में कोई महत्त्वाकांक्षा नहीं होती। वह मात्र अनुयायी होता है।

तर्जनी के साथ की दूसरी उंगली को **मध्यमा** कहते हैं। यह व्यक्ति में ठहराव, बुद्धिमानी और एकांतप्रियता प्रकट करती है। सामान्यतः यह उंगली अन्य सभी उंगलियों से लंबी होती है। यदि यह पहली उंगली तर्जनी या तीसरी उंगली अनामिका के बराबर की हो तो इसे छोटी मध्यमा कहते हैं। सामान्य से छोटी मध्यमा वाले व्यक्ति में छिछोरापन होता है और सामान्य से लंबी मध्यमा वाला व्यक्ति सोसायटी, मेलजोल से दूर रहता है।

तीसरी उंगली **अनामिका** है। यह व्यक्ति की दिखावे की प्रवृत्ति, यश की आकांक्षा बताती है। छोटी अनामिका वाले व्यक्ति में दिखावे की प्रवृत्ति बिलकुल नहीं होती, न ही वे रिस्क लेते हैं। यदि यह उंगली सामान्य से अधिक लंबी हो, अर्थात तर्जनी से अधिक लंबी हो तो व्यक्ति का दिखावा, आडंबर बन जाता है और जोखिम में रस लेने की उसकी इच्छा बढ़ जाती है। जुआ, सट्टा आदि विषय जोखिम लेने के अलग-अलग प्रकार हैं।

चौथी उंगली को **कनिष्ठिका** कहते हैं। यह उंगली व्यक्ति की वाक्पटुता और चतुरता बताती है। अनामिका के पहले पोर के जोड़ तक पहुंचने वाली कनिष्ठिका सामान्य आकार की होती है। इससे अधिक लंबी हो तो व्यक्ति में ये विशेषताएं बढ़ जाती हैं। यदि यह उंगली सामान्य से छोटी हो तो व्यक्ति में ये विशेषताएं घट जाती हैं। सामान्य से छोटी

कनिष्ठिका वाले व्यक्ति में हीनता की भावना होती है, उसमें खुलकर बात करने का साहस नहीं होता है।

## अंगूठे और उंगलियों के विषय में अन्य तथ्य

पहली उंगली तर्जनी के तीसरे पोर के मध्य तक पहुंचने वाला अंगूठा सामान्य लंबाई का होता है। उससे कम हो तो उसे छोटा अंगूठा कहते हैं। इससे अधिक हो तो उसे लंबा अंगूठा कहते हैं। उंगलियों के जोड़ की गांठें अधिक स्पष्ट हों तो व्यक्ति सोचता अधिक है। उसमें भावना की बजाय विश्लेषण-बुद्धि की प्रधानता होती है। उंगलियां इतनी मुलायम हों कि गांठें दिखाई न दें तो व्यक्ति कल्पनाप्रधान और भावुक होता है। वह विचार और मनन द्वारा निर्णय पर नहीं पहुंचता, बल्कि भावना द्वारा पहुंचता है।

## हथेली तथा हथेली के पर्वत
(पुनः देखें चित्र 1/1)

अब हथेली का विषय लेते हैं। पूरी हथेली को पामिस्ट्री में नौ भागों में बांटा गया है। इन भागों को हथेली के पर्वत कहा जाता है।

पहली उंगली तर्जनी के आधार का छोटा-सा भाग व्यक्ति की नेतृत्व की इच्छा, महत्त्वाकांक्षा तथा अहंभाव की मात्रा बताता है। इस स्थान का नाम पामिस्ट्री में **बृहस्पति पर्वत** (माउंट ऑफ जुपीटर) है। बृहस्पति देवताओं का गुरु है, इसलिए इसे **गुरु पर्वत** भी कहते हैं। इस पर्वत से संबंधित उंगली तर्जनी में गुरु पर्वत की विशेषताएं होती हैं।

दूसरी उंगली मध्यमा के नीचे का थोड़ा-सा स्थान व्यक्ति की सौम्यता, विश्लेषण-शक्ति, धन-संपत्ति की इच्छा तथा एकांतप्रियता की मात्रा बताता है। इस स्थान का नाम शनि ग्रह के नाम पर **शनि पर्वत** रखा गया है। इससे संबंधित मध्यमा उंगली में इस पर्वत की विशेषताएं होती हैं।

तीसरी उंगली अर्थात अनामिका के नीचे का थोड़ा-सा स्थान व्यक्ति के उत्साह, उसकी दिखावे की प्रवृत्ति तथा कलाप्रियता की मात्रा बताता है। इस स्थान का नाम **सूर्य पर्वत** है। अनामिका उंगली में इस पर्वत की विशेषताएं होती हैं।

चौथी उंगली अर्थात कनिष्ठिका की जड़ का स्थान व्यक्ति की

व्यावहारिक बुद्धि तथा वाक्पटुता की मात्रा बताता है। इस स्थान का नाम **बुध पर्वत** है। चौथी उंगली बुध पर्वत की विशेषताओं का प्रतिनिधित्व करती है।

बुध पर्वत के नीचे का थोड़ा-सा स्थान व्यक्ति की धीरता की मात्रा बताता है। पश्चिमी पामिस्ट्री में इस स्थान को **ऊर्ध्व मंगल (अपर मार्स)** कहते हैं।

पश्चिमी पामिस्ट्री में गुरु पर्वत के नीचे के स्थान को **निम्न मंगल (लोअर मार्स)** कहा गया है। यह स्थान व्यक्ति के साहस की मात्रा बताता है, किंतु हमने अपने अनुभव से देखा है कि पामिस्ट्री के जिज्ञासुओं के लिए निम्न मंगल और ऊर्ध्व मंगल को याद रखना कठिन है। जिज्ञासुओं की सुविधा के लिए इन दोनों स्थलों की विशेषताओं के आधार पर इन दोनों पर्वत-स्थलों के नाम में मामूली परिवर्तन किया जा रहा है। अतः बुध पर्वत के नीचे के मंगल स्थल को हम ऊर्ध्व मंगल की बजाय **रक्षात्मक मंगल** कहेंगे और मंगल का वह भाग जो गुरु के नीचे है, उसे उस स्थल की विशेषता के अनुसार **आक्रामक मंगल** कहेंगे।

इन विशेषताओं के अनुसार मंगल के इन दोनों पर्वतों को अलग-अलग याद रखना सरल है।

रक्षात्मक मंगल के नीचे हथेली के अंतिम किनारे से सटा कलाई तक का भाग व्यक्ति की कल्पना-शक्ति और परिवर्तन की चाह की मात्रा बताता है। इस स्थान का नाम **चंद्र पर्वत** है।

आक्रामक मंगल के नीचे अंगूठे की जड़ से कलाई तक का बड़ा भाग व्यक्ति के सेक्स, जीवन-शक्ति तथा सहानुभूति की मात्रा बताता है। इस स्थान का नाम **शुक्र पर्वत** है।

इन सभी पर्वतों के मध्य भाग को **मंगल का मैदान** कहते हैं। यह स्थान यदि भरा-भरा हो तो व्यक्ति में शारीरिक शक्ति अधिक होती है और वह हिम्मत नहीं हारता, यदि धंसा हुआ हो तो व्यक्ति संघर्ष में घबरा जाता है।

जिस हथेली का जो पर्वत स्थल भरा-भरा हो उसे विकसित पर्वत कहते हैं। जिस हाथ का जो पर्वत विकसित होता है, उस पर्वत की विशेषताएं व्यक्ति में प्रमुख होती हैं। शनि पर्वत आमतौर पर दबा होता है, किंतु शनि पर्वत से संबंधित उंगली 'मध्यमा' आमतौर पर लंबी होती है, इसलिए अविकसित शनि पर्वत की कमी पूरी हो जाती है।

– हस्तरेखा-विशेषज्ञ का कार्य एक डॉक्टर जैसा होता है। डॉक्टर दवाई देकर शरीर का रोग दूर करता है, रेखा-विशेषज्ञ को मन की चिकित्सा करनी होती है, जो शरीर की चिकित्सा से कठिन कार्य है।

**– इंस्टीट्यूट ऑफ पामिस्ट्री**

# हाथ देखने के कुछ अन्य नियम

## हाथ दायां देखें या बायां?

स्त्री और पुरुष के दोनों हाथ देखने चाहिए। यदि दोनों हाथ की रेखाएं एक जैसी हों, तो व्यक्ति के जीवन में अधिक उतार-चढ़ाव नहीं होते। यदि दोनों की रेखाओं में अंतर हो तो मुख्यता सक्रिय हाथ को देनी चाहिए। सक्रिय हाथ उसे कहते हैं, जिससे व्यक्ति लिखने का कार्य करता है। आमतौर पर व्यक्तियों का दायां हाथ सक्रिय होता है। जिस व्यक्ति का बायां हाथ अधिक सक्रिय हो तो उसके बाएं हाथ की रेखाओं को मुख्यता देनी चाहिए।

## हाथ के स्तर

हाथ की त्वचा लचीली हो तो व्यक्ति का स्वभाव लचीलापन लिए होता है। त्वचा सख्त और मोटी हो तो व्यक्ति विचारों को आसानी से नहीं बदलता। उसके स्वभाव में दृढ़ता होती है। त्वचा लचीली हो और हाथ सख्त हो तो उसे ठोस हाथ कहते हैं। ऐसा व्यक्ति विचारशील और कर्मठ होता है। उसके विचारों में लचीलापन और दृढ़ता दोनों होते हैं। लचीली त्वचा के साथ हाथ बहुत मुलायम हो तो उसे पिलपिला हाथ कहते हैं। ऐसे व्यक्ति का मन गतिशील होता है, किंतु शारीरिक शक्ति कम होती है।

## हथेली के रंग

गुलाबी रंग शुभ होता है। गेहुंए व्यक्ति के हाथ की हथेली की रंगत गेहुंए रंग की मिलावट लिए होती है। वह भी शुभ है। लाल हथेली क्रोध की अधिक मात्रा बताती है। पीली हथेली पीलिया (जॉंडस) रोग की संभावना बताती है। सफेद हथेली के व्यक्ति अपने हित की सोचते हैं।

## नाखून

लंबाई और चौड़ाई में पर्याप्त बड़े नाखून को बड़ा नाखून कहते हैं। (देखें चित्र 2/1) बड़े नाखून अच्छे होते हैं। ऐसा व्यक्ति तनाव, झटके सहकर भी संतुलित रहता है। लंबे किंतु कम चौड़े नाखून वाले व्यक्ति को गले के रोगों की संभावना होती है (देखें चित्र 2/2)। नाखून की चौड़ाई पूरी हो और लंबाई कम हो तो ऐसे नाखून को छोटा नाखून कहते हैं (देखें चित्र 2/3 । ऐसे व्यक्तियों में सहनशीलता नहीं होती। वे जल्दी तनावग्रस्त हो जाते हैं।

2/1

2/2

2/3

**अब हम हथेली के विषय में और बातें संक्षेप में बताते हैं।**

चौड़ी हथेली वाले व्यक्ति हर विषय का व्यावहारिक पक्ष देखते हैं। ये शारीरिक दृष्टि से अधिक क्रियाशील होते हैं। लंबी हथेली के व्यक्ति में योजना बनाने की आदत होती है।

छोटे हाथ वाले व्यक्ति हर कार्य को ऊपरी तौर पर देखते हैं, गहराई में नहीं जाते। वे हर कार्य को जल्दी निबटाते हैं। यह बात छोटी उंगलियों के विषय में भी है। जिन व्यक्तियों के हाथ की उंगलियां छोटी होती हैं, उनमें कार्य करने की गति तेज होती है।

इसके विपरीत बड़े हाथ वाले व्यक्ति हर कार्य को सूक्ष्मता से करते हैं। इनके कार्य की गति धीमी होती है। यदि हाथ की उंगलियां भी लंबी हों तो उनके कार्य का स्तर ऊंचा हो जाता है, किंतु गति और कम हो जाती है।

बड़े और छोटे हाथों का भेद भी समझें। स्त्रियों का कद और उनके हाथ का आकार पुरुषों की अपेक्षा छोटा होता है, उसे सामान्य समझें। निर्णय करते समय व्यक्ति के कद का ध्यान रखें।

हाथ भरा-भरा हो तो व्यक्ति कर्मठ होता है। वह हार नहीं मानता, खुले दिल का होता है। हाथ पतला हो तो व्यक्ति के मन की थाह पाना सरल नहीं होता।

– जिस प्रकार डॉक्टर रक्त आदि के टेस्ट देखकर शरीर के भीतरी अंगों की क्रियाओं को समझ सकता है, उसी प्रकार हस्त-वैज्ञानिक हाथ की रेखाएं देखकर भीतर छिपी संभावनाओं को समझ सकता है। छिपी संभावनाओं को पढ़ना ही भूत, भविष्य और वर्तमान को पढ़ना है।

**– इंस्टीट्यूट ऑफ पामिस्ट्री**

# हस्तरेखाओं का सामान्य परिचय

हथेली पर अनेक प्रकार की रेखाएं होती हैं। उनमें से जो रेखाएं अधिक हाथों पर होती हैं, उनको मुख्य रेखाएं कहते हैं। जो रेखाएं किसी-किसी हाथ में होती हैं, उन्हें गौण रेखाएं कहते हैं। मुख्य और गौण रेखाओं के नाम पामिस्ट्री संबंधी पुस्तकों में आए हैं, किंतु हाथों पर बहुत-सी रेखाएं ऐसी भी होती हैं कि जिनको कोई नाम नहीं दिए गए हैं। ये 'प्रभाव रेखाएं' कहलाती हैं। प्रभाव रेखा जिस पर्वत पर उदित होती है, उस पर्वत से संबंधित मस्तिष्क का केंद्र अधिक शक्तिशाली होता है। प्रभाव रेखा जिस पर्वत या रेखा को जाती है, उस रेखा या पर्वत का आकर्षण अधिक होता है। इन प्रभाव रेखाओं से क्रॉस, स्टार, द्वीप आदि अनेक आकृतियां बनती हैं। उन आकृतियों को हथेली के चिह्न कहते हैं। चिह्नों का फल हम इसी 'पुनरावलोकन' भाग में आगे देंगे। पहले मुख्य और गौण रेखाओं के नाम तथा उनकी विशेषता बताते हैं।

## पहली कोटि की मुख्य रेखाएं

### जीवन रेखा (देखें चित्र 3/1)

भारतीय सामुद्रिक शास्त्र में इसे गोत्र रेखा और पितृ रेखा कहते हैं। उनके अनुसार यह रेखा कुल (वंश) के विषय में बताती है। पश्चिमी पामिस्ट इस रेखा को शारीरिक क्षमता की रेखा कहते हैं। आयु और रोग का विषय इस रेखा से देखते हैं, किंतु हमारे अनुभव के अनुसार यह रेखा स्वास्थ्य, धन-संपत्ति, स्थान-परिवर्तन के विषय में भी बताती है। यह रेखा अर्द्धगोलाकार हो, पतली और गहरी हो तो शुभ होती है। मोटी, छिछली और सीधी रेखा शुभ नहीं होती। सीधी जीवन रेखा चित्र 3/2 में देखें।

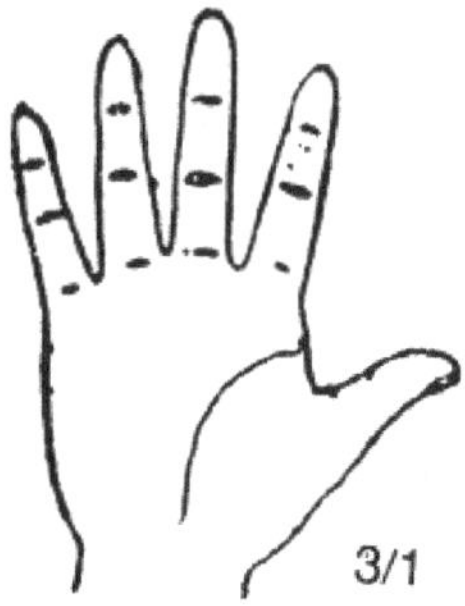

3/1

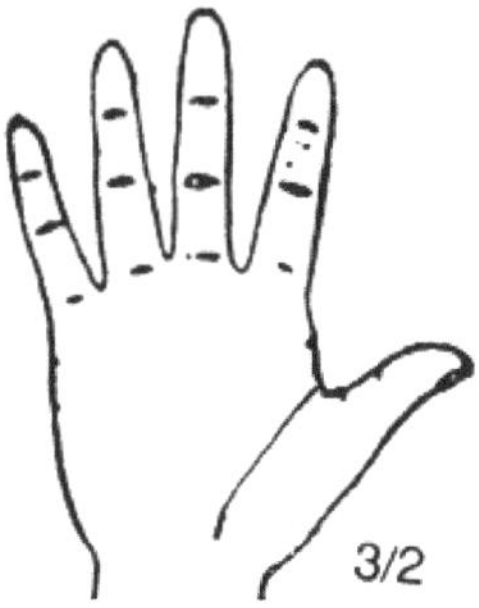

3/2

इस रेखा का उदय स्थल आक्रामक मंगल तथा गुरु पर्वत का मध्य भाग है तथा समापन स्थल कलाई के निकट है। कभी-कभी यह रेखा गुरु पर्वत या आक्रामक मंगल या हथेली के मध्य भाग से भी आरंभ होती देखी गई है। इसकी समाप्ति शुक्र पर्वत अथवा चंद्र पर्वत पर होती है। उदय या समापन स्थल के अनुसार पर्वतों की विशेषताएं उसके फल में सहायक बनती हैं।

## **मस्तिष्क रेखा** (देखें चित्र 3/3)

भारतीय सामुद्रिक शास्त्र में इसे मातृ रेखा और धन रेखा कहा गया है। पश्चिमी पामिस्ट इसे मस्तिष्क रेखा कहते हैं। इससे दिमाग का स्तर, बुद्धि का स्तर देखते हैं। साथ ही धन संबंधी प्रश्नों के उत्तर भी इसी रेखा से प्राप्त होते हैं। गहराई से देखा जाए तो मस्तिष्क अर्थात बुद्धि का धन से संबंध होता है। जब धन को जाना होता है तो बुद्धि पहले भ्रष्ट होती है और जब धन को आना होता है तो बुद्धि पहले आती है। सामान्यतः इसका निकास स्थान आक्रामक मंगल तथा गुरु पर्वत का मध्य भाग होता है और समापन रक्षात्मक मंगल, किंतु अनेक हाथों में यह रेखा गुरु पर्वत या आक्रामक मंगल या जीवन रेखा से उदित देखी जाती है और समापन बुध की ओर या चंद्र पर्वत पर भी होता है। उदय स्थल और समापन स्थल का प्रभाव इस रेखा के फल में शामिल हो जाता है।

## **हृदय रेखा** (देखें चित्र 3/4)

भारतीय सामुद्रिक शास्त्र में इसे आयु रेखा कहते हैं और स्वास्थ्य तथा आयु संबंधी प्रश्नों के फल इसमें देखते हैं और इसका आरंभ बुध पर्वत तथा समापन शनि अथवा गुरु पर्वत मानते हैं। पश्चिमी

पामिस्ट्री में इससे व्यक्ति की भावना की मात्रा देखते हैं। भावनाओं में प्रेम, क्रोध, मित्रता आदि भाव आते हैं। इसके आरंभ और समापन के विषय में सभी पश्चिमी पामिस्ट एकमत नहीं हैं, किंतु हमारे अनुभव के अनुसार यह रेखा भावना, प्रेम, स्वास्थ्य के विषय में बताती है और गुरु पर्वत से आरंभ होकर बुध पर्वत और रक्षात्मक मंगल के मध्य की ओर जाती है। कुछ हाथों में शनि पर्वत से आरंभ होती है और समापन दिशा बुध पर्वत के ओर भी होती है।

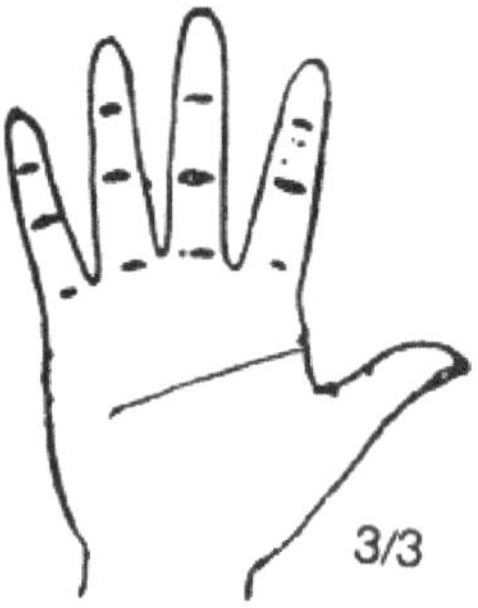
3/3

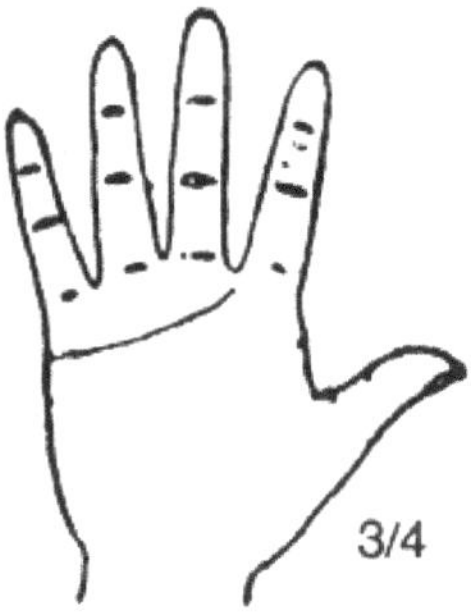
3/4

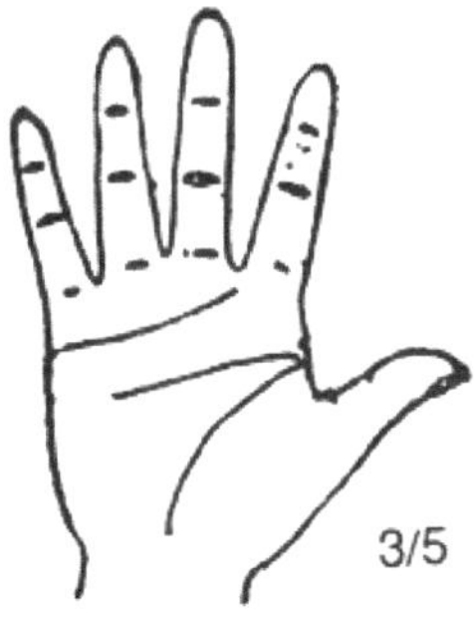
3/5

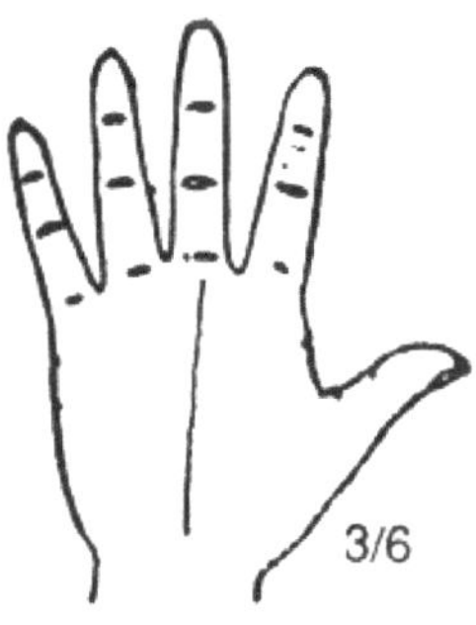
3/6

## इन तीन रेखाओं के अन्य पक्ष

भारतीय सामुद्रिक शास्त्र में हृदय रेखा से जीवन साथी का विषय, मस्तिष्क रेखा से मातृ पक्ष तथा जीवन रेखा से पिता का पक्ष देखते हैं। इस विद्या में अभी गहरे अनुसंधान की आवश्यकता है। अनुसंधान कभी समाप्त नहीं होते। इस पुस्तक में हमने अपने अनुभवों के अनुसार समापन स्थल और उदय स्थल बताएं हैं। चित्र 3/5 में प्रथम कोटि की ये तीनों मुख्य रेखाएं एक साथ दिखाई गई हैं।

# दूसरी कोटि की मुख्य रेखाएं

## शनि रेखा (देखें चित्र 3/6)

भारतीय सामुद्रिक शास्त्र इसे ऊर्ध्व रेखा तथा इंदिरा रेखा कहते हैं। पश्चिमी पामिस्ट इसे भाग्य रेखा या धन रेखा कहते हैं। हमने इसे शनि रेखा इसलिए कहा है कि इसकी दिशा शनि पर्वत होती है। इस रेखा से धन-संपत्ति संबंधी प्रश्नों के उत्तर मिलते हैं। साथ ही यह रेखा विवाह तथा प्रेम-संबंधों के बारे में भी बताती है। यह रेखा जीवन रेखा से उदित हो तो बहुत अच्छी होती है। कलाई के मध्य से निकली जीवन रेखा से तनिक फासले से उदित होने वाली भी अच्छी होती है। जीवन रेखा से अत्यंत सटकर निकलने वाली शनि रेखा अच्छी नहीं होती। चंद्र पर्वत तथा शुक्र पर्वत से भी शनि रेखा उदित होती है, किंतु उसका प्रभाव उस समय से दिखाई देता है, जिस समय वह सीधी होकर शनि के क्षेत्र में प्रवेश करती है।

भारतीय सामुद्रिक शास्त्र में मध्यमा उंगली के आधार से कलाई तक का भाग शनि का क्षेत्र माना गया है। इस क्षेत्र को चित्र 3/7 में देखें। शनि रेखा धन-प्राप्ति संबंधी प्रयत्नों के बारे में बताती है, किंतु उन प्रयत्नों का फल तभी प्राप्त होगा, जब इससे तनिक फासले पर अन्य समानांतर रेखा सहायक बनती है अथवा सूर्य रेखा उदित होती है। शनि रेखा से अत्यंत सटकर चलने वाली रेखा कुठार रेखा कहलाती है, जो प्रयत्नों को सफल होने से रोकती है।

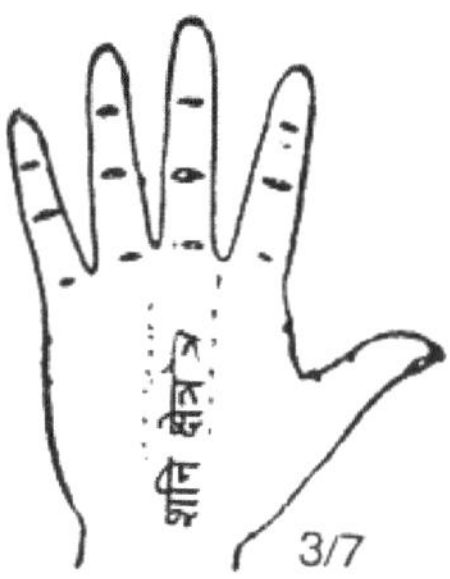

3/7

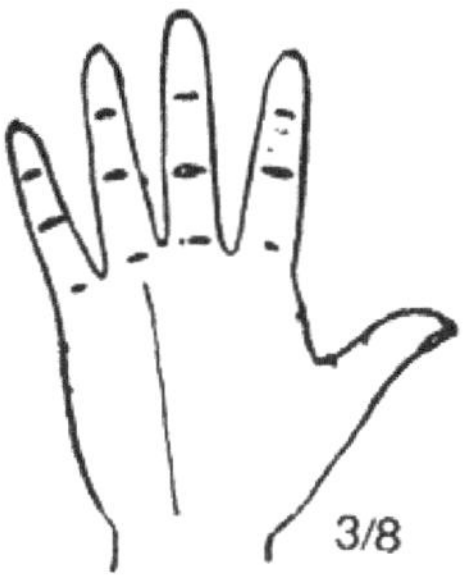
3/8

## सूर्य रेखा ( देखें चित्र 3/8 )

यह शनि रेखा की सहायक रेखा है। भारतीय सामुद्रिक शास्त्र में

इसे धर्म रेखा, विद्या रेखा तथा पुण्य रेखा कहते हैं। इसका आरंभ कलाई, जीवन रेखा, शनि रेखा या चंद्र पर्वत से होता है। दिशा सूर्य पर्वत की ओर है। यह प्रयत्नों की सफलता देने वाली रेखा है। वे प्रयत्न विद्या के क्षेत्र में हों, धन के क्षेत्र में हों, राजनीति, मुकदमे, यात्रा अथवा प्रेम आदि के क्षेत्रों में हों, इस रेखा के उदित होने के समय से व्यक्ति को प्रयत्नों में सफलता मिलती है। रेखाओं द्वारा समय जानने की विधि हम इसी पुनरावलोकन भाग में आगे बताएंगे।

## **बुध रेखा** (देखें चित्र 3/9)

भारतीय सामुद्रिक शास्त्र में इसे आरोग्य रेखा या स्वास्थ्य रेखा कहते हैं। पश्चिमी पामिस्ट्री में इसे स्वास्थ्य रेखा या जिगर रेखा कहते हैं। इस रेखा के उदय स्थल तथा इसके फल के विषय में बहुत मतभेद हैं, किंतु हमारे अनुभव के अनुसार यह मस्तिष्क की चतुरता अथवा व्यापारिक बुद्धि के विषय में बताती है और इसका आरंभ कलाई से, शुक्र पर्वत से, जीवन रेखा से, शनि रेखा से, सूर्य रेखा से अथवा चंद्र पर्वत से होता है और समापन की दिशा बुध पर्वत है। स्पष्ट रेखा अच्छा दिमाग और अच्छा स्वास्थ्य बताती है। अस्पष्ट और टूटी-फूटी बुध रेखा, बुरा स्वास्थ्य और भ्रमित बुद्धि बताती है।

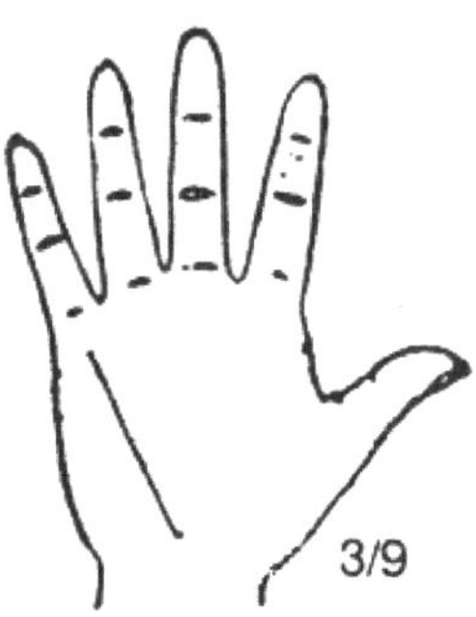
3/9

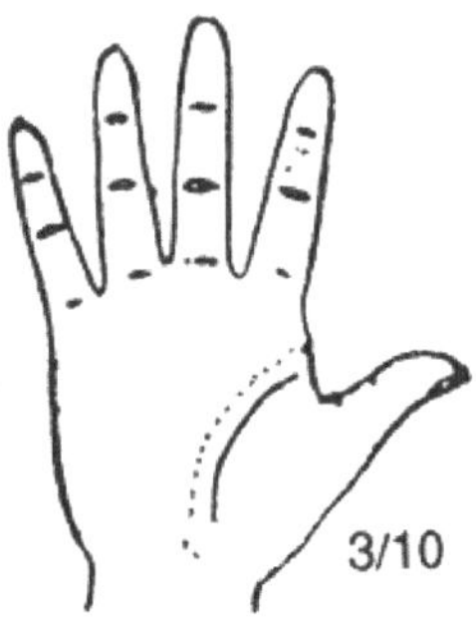
3/10

## **मंगल रेखा** (देखें चित्र 3/10)

कुछ पामिस्ट इसे शुक्र पर्वत की प्रभाव रेखा मानते हैं। यह जीवन रेखा के अंदर समानांतर रेखा है। जीवन रेखा के अत्यंत निकट हो अथवा अधिक गहरी हो तो व्यक्ति में रोष की मात्रा बताती है, दूर हो तो शांत स्वभाव। यह रेखा दांपत्य जीवन के बारे में भी बताती है। इस रेखा का आरंभ आक्रामक मंगल तथा मार्ग की दिशा जीवन रेखा के भीतर समानांतर चलती हुई कलाई या शुक्र पर्वत होती है।

## **कामभाव की रेखा या विवाह रेखा** (देखें चित्र 3/11)

हमने लोक प्रचलित विवाह रेखा को कामभाव की रेखा कहा है, क्योंकि यह व्यक्ति के उन संबंधों के विषय में बताती है, जिनका सेक्स से संबंध है। वह संबंध बिना अग्नि के फेरे लिए या बिना निकाह पढ़े या बिना चर्च की अनुमति के लंबे समय तक चल सकता है। यह रेखा बुध पर्वत की ओर के हथेली के बाहरी भाग से आरंभ होती है और दिशा बुध पर्वत है।

सीधी रेखा सामान्य और अच्छा दांपत्य प्रेम संबंध बताती है। इस रेखा के हृदय रेखा की ओर झुकने का अर्थ है जीवनसाथी के साथ संबंधों में बाधा या जीवनसाथी का बुरा स्वास्थ्य। इस रेखा की दिशा कनिष्ठिका की ओर होने से जीवनसाथी लंबी आयु पाते हैं। ये रेखाएं संख्या में एक या दो या तीन हो सकती हैं, किंतु इसका अर्थ उतने विवाह या उतने काम संबंध नहीं होते। इस पुस्तक के दूसरे भाग में विवाह के प्रसंग में इनके विषय में अधिक बताएंगे। यहां हम इतना बताते हैं कि केवल इसी रेखा के भरोसे काम संबंधों, विवाह या प्रेम के विषय में निर्णय मत करें। मंगल रेखा, शनि रेखा, सूर्य रेखा, शुक्र पर्वत तथा गुरु पर्वत के संकेत देखकर विवाह, तलाक आदि के विषय में बताएं। इन संबंधों के अनेक फार्मूले हम इस पुस्तक के दूसरे भाग में दे रहे हैं।

भारतीय सामुद्रिक शास्त्र में पुरुष के बाएं हाथ की हृदय रेखा पत्नी के विषय में कही गई है और स्त्री के दाएं हाथ की हृदय रेखा पति के विषय में कही जाती है, किंतु उसके फल के संबंध में प्रमाण अधिक नहीं मिले हैं।

## **संतान संबंधी रेखाएं** (देखें चित्र 3/12)

विवाह रेखा के ऊपर खड़ी रेखाओं को पश्चिमी पामिस्ट्री में संतान रेखाएं कहते हैं। (देखें चित्र 3/12-ए) किंतु हमारे अनुभव के अनुसार ये रेखाएं गलत जवाब देती हैं। भारतीय हस्त सामुद्रिक शास्त्र में संतान संबंधी प्रश्नों के उत्तर पाने के लिए जीवन रेखा की गोलाकार आकृति (देखें चित्र 3/12-बी) अंगूठे के मूल पर बने द्वीपों की संख्या (देखें चित्र 3/12-सी) हृदय रेखा के अंत में शाखाएं (देखें चित्र 3/12-डी) तथा अंगूठे मूल के निकट समानांतर रेखाएं (चित्र 3/12-ई एफ) देखें। अधिक विवरण तीसरे भाग में शीर्षक के अनुसार देखें।

## मणिबंध रेखाएं (देखें चित्र 3/13)

कलाई पर कंगन की तरह रेखाएं मणिबंध रेखाएं कहलाती हैं। भारतीय सामुद्रिक शास्त्र में इन रेखाओं द्वारा आयु एवं स्वास्थ्य के विषय में बताने की व्यवस्था है, किंतु पश्चिमी पामिस्ट इनको अधिक महत्त्व नहीं देते। हम दोनों दृष्टिकोणों का आगे यथा अवसर फल बताएंगे।

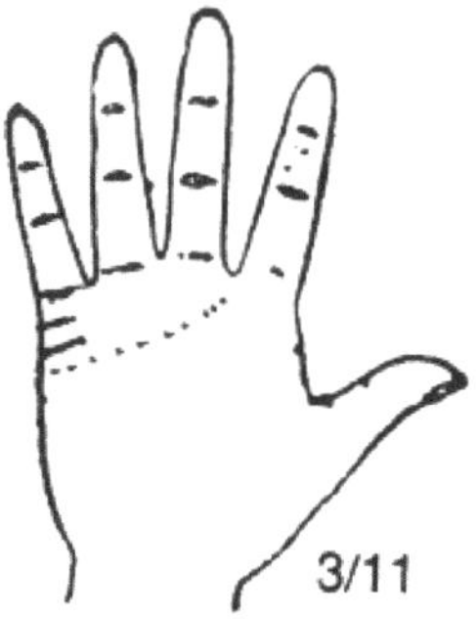

3/11

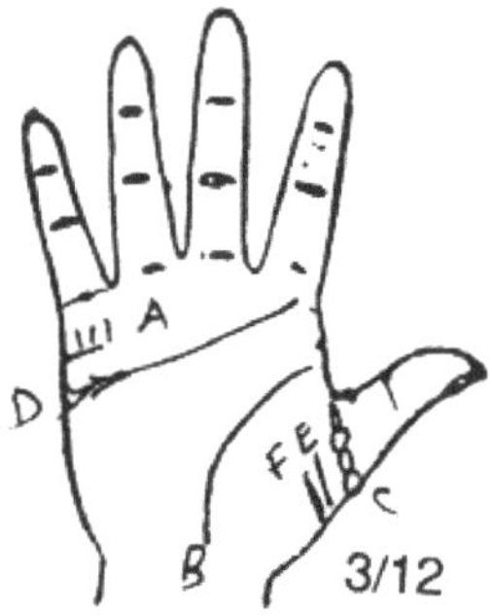


3/12

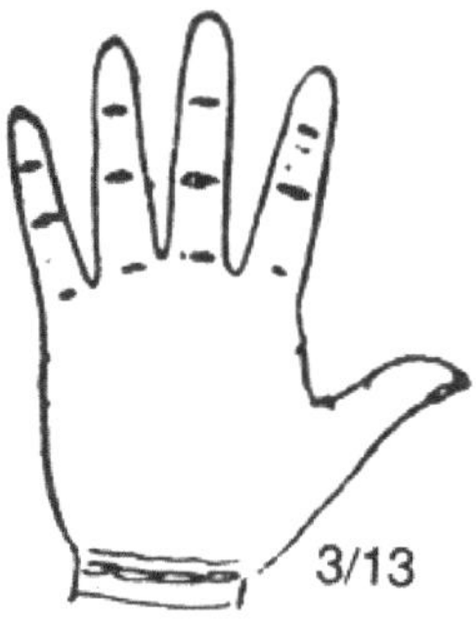

3/13

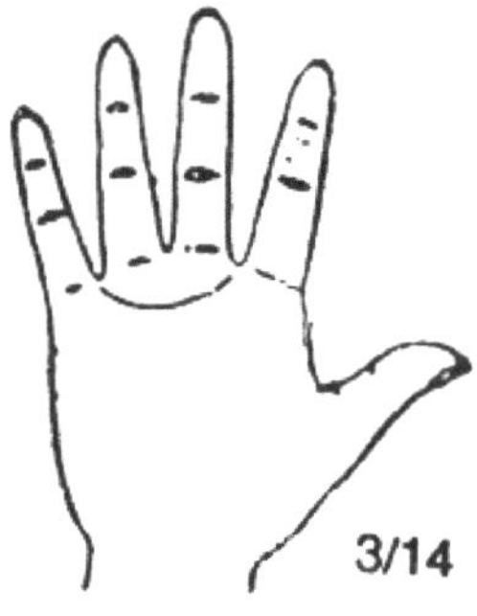

3/14

## गौण रेखाएं

ये रेखाएं अधिक जनों के हाथों पर नहीं होती हैं, इसलिए इन्हें गौण रेखाएं कहा गया है।

**शुक्र मेखला :** शनि पर्वत तथा सूर्य पर्वत को घेरने वाली एक अर्द्धगोलाकार रेखा (देखें चित्र 3/14) जिस हाथ पर शुक्र, चंद्र, आक्रामक मंगल विकसित हों और हथेली पर कम रेखाएं हों तो इस रेखा का अर्थ अधिक कामशक्ति है। पतले और अधिक रेखाओं वाले हाथ पर यह रेखा हो तो मानसिक परेशानी बताती है। अधूरी रेखा का फल कम होता है।

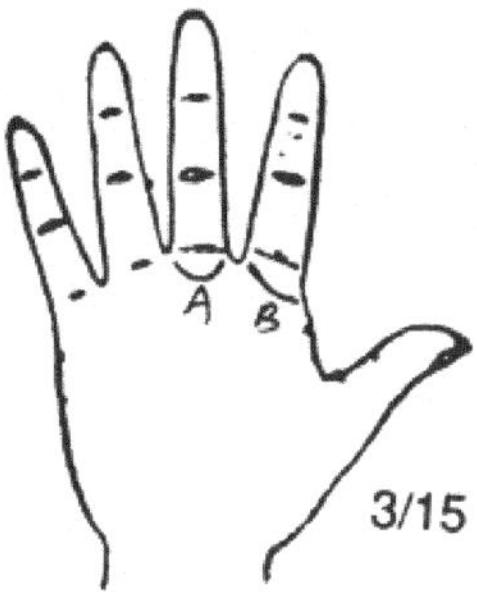


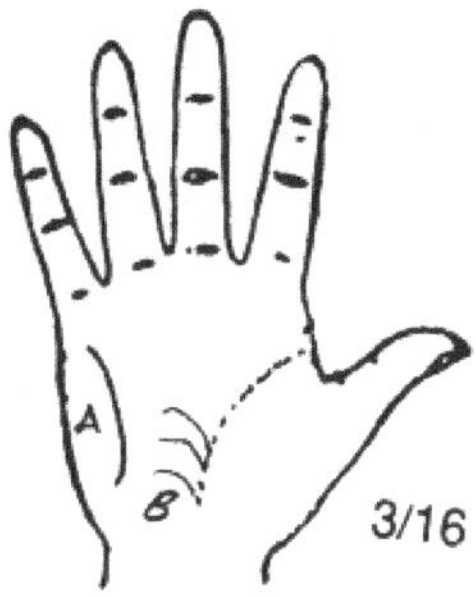


**शनि-मुद्रिका :** (देखें चित्र 3/15 ए) यह अर्द्धगोलाकार रेखा यदि शनि रेखा को काटे तो उस आयु में धन संबंधी बाधाएं बताती है अन्यथा गुप्त विषयों में रुचि बताती है।

**गुरु मुद्रिका तथा गुरु रेखाएं :** गुरु मुद्रिका व्यक्ति में विवेक तथा सम्मान की इच्छा बताती है (देखें चित्र 3/15 बी)। मुद्रिका के अतिरिक्त गुरु पर्वत पर अन्य रेखाएं भी होती हैं। उन्हें गुरु रेखाएं कहते हैं। ये रेखाएं व्यक्ति की इच्छाशक्ति में सहायक होती हैं। अनेक दिशाओं से आई गुरु रेखाएं एक-दूसरे को काटें तो गुरु पर्वत पर क्रॉस बनता है। यह क्रॉस भी सफलता का संकेत है।

**चंद्र रेखा या अंतर्दृष्टि रेखा :** इस रेखा के व्यक्ति अंतर्यामी होते हैं। यह रेखा अर्द्धगोलाकार होती है और चंद्र पर्वत से बुध पर्वत को जाती है (देखें चित्र 3/16 ए)। यदि रेखा के साथ चंद्र पर्वत भी विकसित हो तो फल बढ़ जाता है। अधूरी रेखा या बिना विकसित चंद्र पर्वत के इसका फल घट जाता है। जीवन रेखा से चंद्र पर्वत की ओर जाने वाली गोलाकार प्रभाव रेखाओं को भी चंद्र रेखाएं कहते हैं (देखें चित्र 3/16 बी) किंतु इन रेखाओं का फल कम है।

**वाया लासिवा या असंयम रेखा :** चंद्र पर्वत और शुक्र पर्वत के मध्य रेखा (देखें चित्र 3/17 ए) तथा बुध रेखा की समानांतर कुठार रेखा (देखें चित्र 3/17 बी) को वाया लासिवा कहते हैं। यदि इनमें से कोई रेखा ठोस भारी हाथ पर हो तो कामशक्ति की अधिकता बताती है। पतले तथा पिलपिले हाथ पर नशे तथा ड्रग्स की प्रवृत्ति बताती है। चंद्र रेखा और वाया लासिवा का अंतर चित्र 3/16 तथा 3/17 में अच्छी तरह समझ लें।

**यात्रा रेखाएं :** यात्रा का चंद्र पर्वत तथा बुध पर्वत से विशेष संबंध है। सामान्यत: कलाई से निकलकर चंद्र पर्वत पर आने वाली

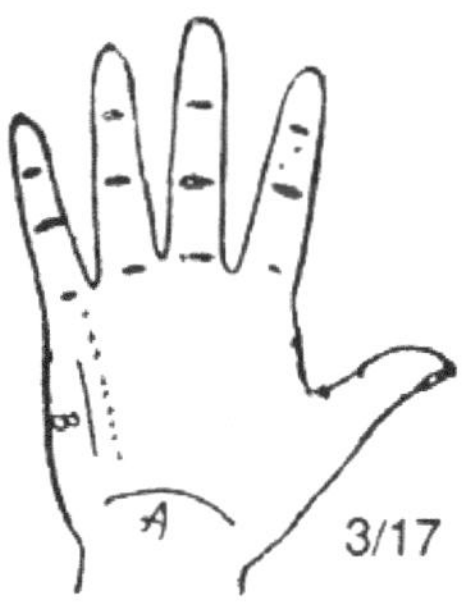


3/17

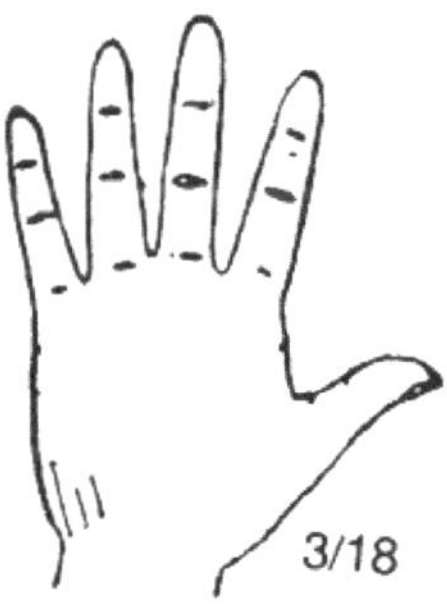

3/18

रेखाओं को यात्रा रेखाएं कहते हैं (देखें चित्र 3/18), किंतु यात्रा का विषय केवल इन पर निर्भर नहीं रह सकता। यात्रा संबंधी प्रश्नों के उत्तर पाने के लिए हस्तलक्षणों पर हम आगे विषयानुसार बताएंगे।

**कुठार रेखा और समानांतर रेखा का अंतर :** किसी भी मुख्य रेखा से अत्यंत सटी हुई रेखा को कुठार रेखा कहते हैं। यह अच्छी रेखा का शुभ फल घटा देती है। यदि विकृत रेखा के साथ हो तो विकृत रेखा का दोष कम करती है। मुख्य रेखाओं से तनिक फासला छोड़कर चलने वाली रेखा समानांतर रेखा कहलाती है। समानांतर मुख्य रेखा का फल बढ़ा देती है। उदाहरणत: मंगल रेखा जीवन रेखा के अत्यंत निकट हो तो वह जीवन रेखा की कुठार रेखा है, तनिक फासले पर हो तो समानांतर रेखा है। शनि रेखा, जीवन रेखा के अत्यंत निकट हो तो वह निकटता का काल, कुठार रेखा का काल होता है। जब भी दोनों रेखाओं के मध्य फासला बढ़ जाता है तब शनि रेखा का शुभ प्रभाव बढ़ जाता है। सूर्य रेखा, शनि रेखा की समानांतर रेखा है, किंतु शनि रेखा की दाएं-बाएं सटी हुई रेखा शनि रेखा के लिए कुठार होती है।

**चिंता रेखाएं** अथवा **राहु रेखाएं :** आक्रामक मंगल से रेखाएं निकलकर जीवन रेखा, शनि रेखा, मस्तिष्क रेखा को काटें तो गहरी चिंताएं बताती हैं (देखें चित्र 3/19 ए)। यदि मुख्य रेखा को काटे बिना रुक जाएं तो चिंताएं मामूली होती हैं। कुछ पामिस्ट इन्हें राहु रेखाएं कहते हैं। यदि कोई चिंता रेखा गुरु पर्वत, शनि पर्वत, सूर्य पर्वत या बुध पर्वत तक पहुंच जाए तो वह उस पर्वत का फल बढ़ा देती है, यथा गुरु पर्वत तक पहुंचने वाली राहु रेखा सम्मान बढ़ाती है। शनि पर्वत तक पहुंचे तो धन-संपत्ति, सूर्य पर्वत पर पहुंचने वाली यश तथा बुध पर्वत तक पहुंचने वाली व्यापार या वैज्ञानिक सफलता बताती है।

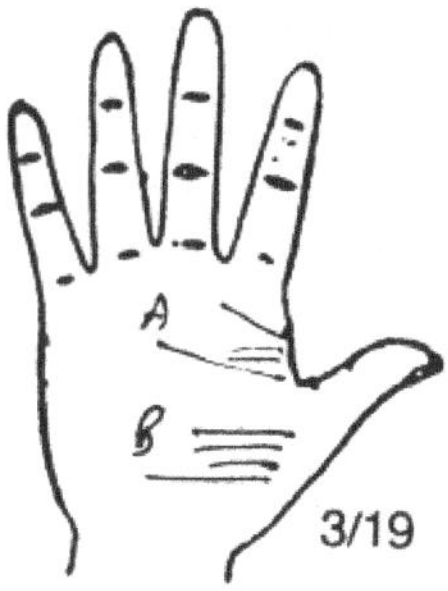

3/19

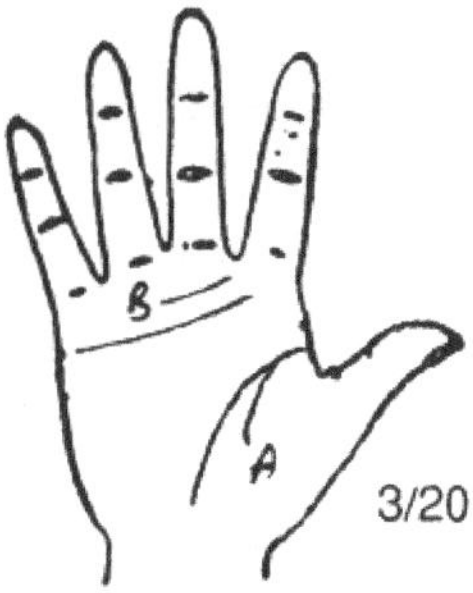

3/20

शुक्र पर्वत से जीवन रेखा, शनि रेखा तक बढ़े तो ये चिंता रेखाएं पारिवारिक जनों द्वारा दी गई चिंताएं बताती हैं (देखें चित्र 3/19 बी)। मुख्य रेखाओं को काटने वाली रेखाएं अधिक चिंताएं बताती हैं। चिंता बाधा का समय उस आयु के अनुसार तय करें जब ये शनि रेखा या जीवन रेखा को काटती हैं। यदि किसी व्यक्ति के हाथ में आक्रामक मंगल तथा शुक्र पर्वत पर कोई रेखा न हो तो व्यक्ति का अपने परिवारजनों से विशेष लगाव नहीं होता। वह जीवन संघर्ष में अकेले जूझता है।

**एक शुभ समानांतर रेखा :** जीवन रेखा से निकलकर मंगल रेखा के मार्ग पर चलने वाली रेखा को कुछ पामिस्ट विशेष भाग्य रेखा कहते हैं (देखें चित्र 3/20 ए)। गुरु पर्वत से निकलकर हृदय रेखा के समानांतर चलने वाली रेखा को भी विशेष भाग्य रेखा कहते हैं (देखें चित्र 3/20 बी) किंतु हम उन्हें शुभ समानांतर रेखा कहते हैं। यह हम पहले कह चुके हैं कि मुख्य रेखा के तनिक फासलों की रेखा मुख्य रेखा का फल बढ़ाती है।

## रेखाओं का स्तर

पतली गहरी रेखाएं शुभ होती हैं। चौड़ी गहरी रेखाएं अशुभ होती हैं। छिछली रेखा की शक्ति कम होती है। गहरी रेखा और छिछली रेखा का अंतर समझने के लिए रेखा पर खिंचाव पैदा करें। खिंचाव से जो रेखा लुप्त हो जाए, वह छिछली है, जो स्पष्ट दिखाई दे, वह गहरी है। प्रभाव रेखाओं का छिछली होना अच्छा होता है। किसी हाथ पर मुख्य रेखाएं चौड़ी और अधिक गहरी हों तो भाग्य सामान्य होता है। यदि कहीं मोटी, कहीं पतली हो तो रेखा के पतले होने के समय से भाग्योदय होता है। मोटी रेखा का रुकना भी भाग्योदय का समय होता है।

हाथ देखते समय ध्यान रखें कि यदि कोई रेखा अपने स्थान पर पहुंचने से पहले रुके तो उसे दुर्भाग्य मत मानें बल्कि देखें कि जो रेखा मार्ग में रुकी है वह पतली गहरी है या मोटी गहरी है। यदि मोटी गहरी रुकी हो तो रुके स्थान के उपरांत बाधाएं दूर होती हैं। यदि पतली गहरी रुकी हो तो आय के नये साधन नहीं बनते, किंतु पुराने साधनों से लाभ होता रहता है। टूटी-फूटी रेखाएं, प्रभाव रेखा से कटी रेखाएं उतार-चढ़ाव और हानि-लाभ बताती हैं।

यह ध्यान रहे कि प्रभाव रेखाओं द्वारा किसी मुख्य रेखा को काटा जाना ही रेखा का काटा जाना समझा जाता है। मुख्य रेखाएं या गौण रेखाएं अपने पथ पर आगे बढ़ती हैं, तो उनके मार्ग में आने वाली मुख्य रेखा को काटना क्रॉस नहीं माना जाता।

## रेखाओं के विषय में अन्य तथ्य

हाथ पर केवल पहली कोटि की मुख्य रेखाएं, यथा जीवन रेखा, मस्तिष्क रेखा और हृदय रेखा हो तो व्यक्ति का जीवन सामान्य होता है। जिस धनी या निर्धन परिवार में व्यक्ति उत्पन्न होता है, उसी पर सामान्य गति से वह यात्रा करता रहता है। उसके जीवन में उतार-चढ़ाव नहीं रहता। ऐसे व्यक्ति विशेष महत्त्वाकांक्षी नहीं होते, न ही उनकी कलाओं में रुचि होती है।

मुख्य रेखाएं पतली गहरी हों तो व्यक्ति सफल होता है। हाथ पर दूसरे वर्ग की मुख्य रेखाएं भी हों तो व्यक्ति के जीवन में महत्त्वाकांक्षा होती है। महत्त्वाकांक्षी व्यक्ति के जीवन में संघर्ष होता है। वह जिस परिवार में जन्म लेता है, उससे आगे निकलने का यत्न करता है।

यदि हाथ पर दोनों वर्ग की मुख्य रेखाओं के अतिरिक्त बहुत-सी प्रभाव रेखाएं हों तो इसका अर्थ होता है कि व्यक्ति का मन-मस्तिष्क अनेक दिशाओं में कार्य करता है। सक्रिय हाथ की रेखाएं शुभ हों तो वे आगे निकलने में सफल होते हैं। यदि सक्रिय हाथ से निष्क्रिय हाथ की रेखाएं शुभ हों तो गलत निर्णय के कारण वे अपना भाग्य बिगाड़ते हैं।

इस पुस्तक में हम आगे दूषित रेखा, शुभ रेखा, अधोमुखी रेखा, ऊर्ध्वमुखी रेखा आदि शब्दों का प्रयोग करेंगे। उनकी परिभाषा अभी समझ लें।

**दूषित रेखा** का अर्थ है कि अधूरी रेखा, लहरदार रेखा, टुकड़ों से बनी रेखा, रेखा पर प्रभाव रेखा द्वारा क्रॉस, मोटी रेखा, धुंधली रेखा।

**शुभ रेखा** का अर्थ पतली गहरी रेखा, ऊर्ध्वमुखी शाखायुक्त रेखा।

**ऊर्ध्वमुखी रेखा** का अर्थ है कलाई से उंगलियों की ओर जाने वाली रेखा जैसे शनि रेखा। अधोमुखी का अर्थ है उंगलियों से कलाई की ओर जाने वाली, जैसे जीवन रेखा। आड़ी रेखा का अर्थ है हथेली या हाथ की चौड़ाई के एक किनारे से दूसरे किनारे तक जाने वाली रेखा, जैसे मस्तिष्क रेखा। गोलाकार रेखा का अर्थ है तनिक-सी गोलाई लिए हुए रेखा, जैसे जीवन रेखा, मंगल रेखा, अंतर्दृष्टि रेखा या लासिवा।

यदि रेखा का कोई अंश दबा हुआ हो या उसमें गड्ढा हो तो, रेखा के इस अंश को दूषित मानें। जिस पर्वत पर गड्ढा हो, वह पर्वत कुछ सीमा तक दूषित होता है।

# हस्तरेखाओं से घटनाओं का काल जानना

लगभग सभी प्रमुख हस्तशास्त्री इस बात पर सहमत हैं कि हस्तरेखाओं द्वारा किसी घटना या दुर्घटना का अनुमानित समय बताया जा सकता है, निश्चित समय नहीं बताया जा सकता।

घटनाओं का समय जानने की किसी एक विधि से सभी पामिस्ट एकमत नहीं हैं, किंतु हमने **सप्तवर्षीय** नियम को काफी समय तक ठीक पाया है। इन नियमों के मुख्य सूत्र यहां बता रहे हैं।

जीवन रेखा और शनि रेखा को **सप्तवर्षीय** नियम के अनुसार बांटते हैं। मस्तिष्क रेखा और हृदय रेखा पर हम आयु संबंधी निशान नहीं लगाते, बल्कि छोटी मस्तिष्क रेखा का अर्थ मस्तिष्क का कम विकास और छोटी हृदय रेखा का अर्थ कम भावुकता मानते हैं। बुध रेखा और सूर्य रेखा पर शनि रेखा के आयु संबंधी नियम लागू करते हैं। मंगल रेखा, जीवन रेखा की समानांतर रेखा है। उसमें वे जीवन रेखा का आयु संबंधी नियम लागू करते हैं।

## पहले जीवन रेखा को लेते हैं

इस रेखा का आरंभ गुरु पर्वत के नीचे है (देखें चित्र 5/1 जीरो) और समापन कलाई के निकट है (देखें चित्र 5/1-98)। अत: बचपन के वर्षों का हाल आरंभ स्थान से देखें। रेखा के मध्य भाग से यौवन का और कलाई के निकट बुढ़ापे का हाल देखें।

जीवन रेखा पर उम्र संबंधी निशान लगाने की सरल विधि यह है कि शुक्र पर्वत के केंद्र से एक तिरछी रेखा छोटी उंगली कनिष्ठिका

की जड़ के बाहरी भाग तक लगाएं। यह रेखा जिस स्थान पर जीवन रेखा को काटती है, वह 35 वर्ष का समय है।

एक दूसरी आड़ी रेखा शुक्र पर्वत के केंद्र से हथेली के दूसरे किनारे पर सीधी लगाई जाती है। यह रेखा जीवन रेखा को जिस भाग पर काटती है, वह 49 वर्ष का समय है। एक तीसरी रेखा शुक्र पर्वत केंद्र से कलाई की ऊपरी रेखा के किनारे तक लगाई जाती है। यह रेखा जिस स्थान पर जीवन रेखा को काटती है, वह 63 वर्ष की उम्र है।

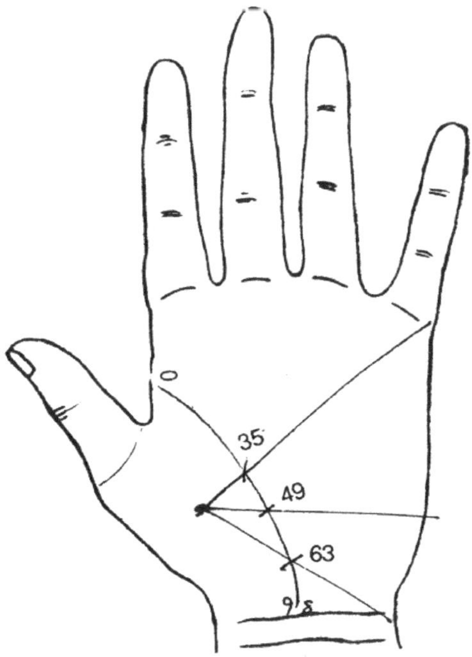


चित्र 5/1 में जीवन रेखा के अंतिम भाग पर 98 वर्ष लिखा गया है। आरंभिक भाग पर जीरो लिखा है। जीरो से 98 वर्ष के मध्य के जीवन रेखा के तीनों निश्चित समय (35-49-63) जान लेने के उपरांत आपके लिए सरल है कि आप अन्य स्थानों पर अपने विवेक से वर्षों के निशान लगाएं और रेखा की दशा के अनुसार व्यक्ति का अच्छा-बुरा समय जानें।

## उन्नति, लाभ और कैरियर जानने का समय और नियम

चित्र 5/2 में आप एक खड़ी रेखा देख रहे हैं। यह शनि रेखा है। इस रेखा पर आयु के अनुसार निशान लगाने की विधि बता रहे हैं।

इस रेखा का आरंभ कलाई से है (देखें चित्र 5/2 जीरो) तथा समापन स्थल मध्यमा उंगली का आधार है (देखें चित्र 5/2–91)। अतः इस रेखा पर बचपन की घटनाएं कलाई के निकट से देखी जाती हैं। यौवन की मध्य भाग पर और बुढ़ापे की शनि पर्वत पर।

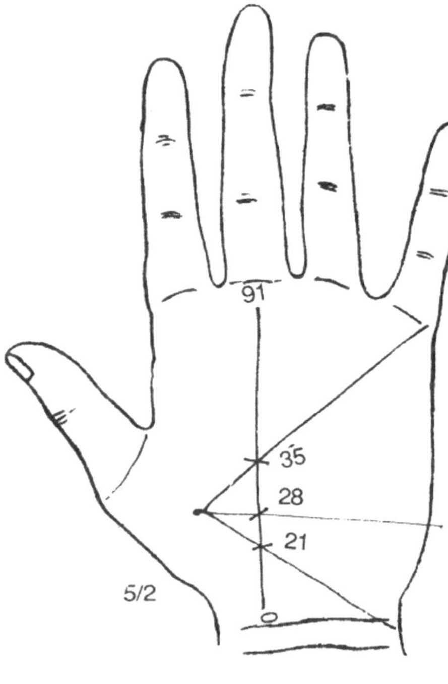

5/2

चित्र 5/2 में शुक्र पर्वत को केंद्र बनाकर कलाई की ओर एक तिरछी रेखा लगाई जाती है। इससे शनि रेखा पर जो जंक्शन बनता है, उस पर 21 वर्ष का निशान लगाया गया है और कनिष्ठिका के आधार के एक किनारे से शुक्र के केंद्र तक एक तिरछी रेखा लगाने से शनि रेखा पर 35 वर्ष का निशान लगाया गया है। शुक्र पर्वत के केंद्र से एक आड़ी रेखा हथेली के दूसरे किनारे तक लगाई गई है। यह जंक्शन शनि रेखा पर 28 वर्ष की उम्र बताता है।

0, 21, 28, 35, 91 के इन निशानों के मध्य आप अपने विवेक के अनुसार वर्षों के निशान लगाएं। इन निशानों के अनुसार शनि रेखा की स्थिति देखकर आप धन-संपत्ति की दृष्टि से अच्छा और बुरा समय जान सकते हैं।

कुछ पामिस्ट मस्तिष्क रेखा पर 35 वर्ष तथा हृदय रेखा पर 50 वर्ष का निशान लगाते हैं। ये दोनों रेखाएं हर हाथ पर एक से स्थान पर नहीं होतीं, इसलिए काम चलाने के तौर पर उस नियम से काम चला लें, किंतु अच्छा उपाय वही है जो हमने इस अध्याय में बताया है।

# 3. प्रेम, विवाह, तलाक तथा दांपत्य जीवन संबंधी प्रश्नों के उत्तर

हमने पहले कहा है कि किसी एक लक्षण पर निर्भर होकर भ. विष्यवाणी मत करें, क्योंकि किसी एक रेखा या एक लक्षण से निश्चित उत्तर नहीं मिलता। प्रेम तथा दांपत्य जीवन संबंधी प्रश्नों के उत्तर देने के लिए सर्वप्रथम कामभाव की रेखा देखें। तत्पश्चात् शनि रेखा तथा उसमें चंद्र पर्वत या शुक्र पर्वत से आकर मिलने वाली प्रभाव रेखाएं देखें। फिर क्रम से मंगल रेखा, हृदय रेखा, मस्तिष्क रेखा, जीवन रेखा, सूर्य रेखा तथा गुरु पर्वत पर क्रॉस देखें। यह पृष्ठभूमि बताने के उपरांत हम इस अध्याय में प्रेम तथा दांपत्य जीवन से संबंधित प्रश्नों के उत्तर पाने के अनुभूत लक्षण बता रहे हैं। इनमें से चार या पांच लक्षण मिल जाएं तो भविष्य कथन किया जा सकता है। कम लक्षण मिलने पर संभावना बताई जाती है। इस बात को हम प्रत्येक अध्याय में बार-बार कह रहे हैं ताकि आपको याद रहे।

भारतीय सामुद्रिक शास्त्र में स्त्री के दाएं हाथ की हृदय रेखा उसके पति के विषय में बताती है, पुरुष के बाएं हाथ की हृदय रेखा उसकी पत्नी के विषय में बताती है। इस विषय में अनुसंधान अभी पूरे नहीं हुए, किंतु यह बात नकारने योग्य भी नहीं है। पति-पत्नी के विषय में हृदय रेखा संबंधी किसी भी निष्कर्ष तक पहुंचने से पहले विवाह और मंगल रेखा अवश्य देखें।

## विवाह अथवा प्रेम संबंध किस आयु में?

हमने जिसे कामभाव की रेखा/रेखाएं नाम दिया है, सामान्यतः उसे विवाह रेखा या विवाह रेखाएं कहते हैं (देखें चित्र 7/1)। ये आड़ी रेखाएं बुध पर्वत के बाहरी किनारे से आरंभ होकर बुध पर्वत पर आती हैं किंतु विवाह संबंधी प्रश्नों के उत्तर केवल इन रेखाओं से

नहीं मिलते, इसलिए इन्हें विवाह रेखाएं कहना उचित नहीं है। दूसरे, ये रेखाएं आजन्म ब्रह्मचारियों या आजन्म कुंवारों के हाथ में भी होती हैं, इसलिए भी इन्हें विवाह रेखाएं कहना उचित नहीं है।

हाथ पर केवल एक कामभाव की रेखा हो तो विवाह या प्रेम के

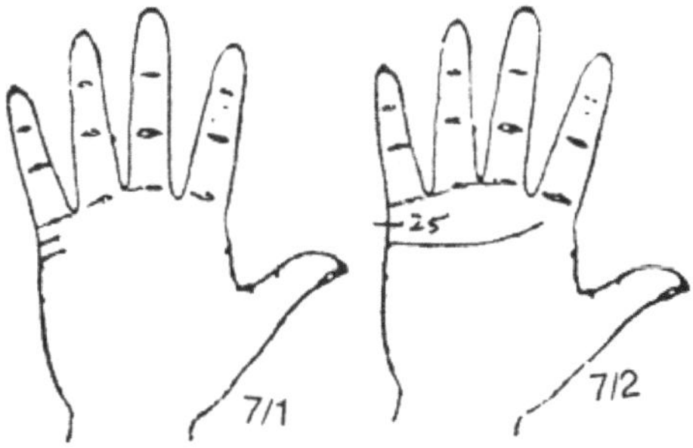


विषय में व्यक्ति उदासीन होते हैं। यदि साथ ही शुक्र पर्वत उन्नत हो तो विवाह करते हैं। यदि कामभाव की दो रेखाएं हों तो विवाह या प्रेम की इच्छा तीव्र होती है। तीन रेखाएं अतिरिक्त तीव्र इच्छा बताती हैं। उसका अर्थ अतिरिक्त यौन-संबंध भी है।

दो विवाह रेखाओं में से ऊपर की यानी कनिष्ठिका के निकट की रेखा छोटी हो तो विवाह में देर लगती है। यदि ऊपर की बड़ी हो तो विवाह जल्दी होता है।

'जल्दी' या 'देरी' शब्दों से विवाह की आयु का ज्ञान नहीं होता। स्पष्टीकरण देना आवश्यक है। भारत में पहले 12-13 वर्ष की लड़की विवाह के योग्य मानी जाती थी, लड़का 16 वर्ष में विवाह कर लेता था। अब भी अनेक जगहों पर इसी आयु में विवाह की प्रथा है, किंतु बड़े नगरों में सामान्यत: अब बहुत कम लड़कियां 18 वर्ष से पूर्व और लड़के 21 वर्ष से पूर्व विवाह करते हैं, बल्कि उचित रोजगार न लगने तक लड़के 25-30 वर्ष कुंवारे रहते हैं। उचित लड़के की तलाश में 25-26 वर्ष तक लड़कियों का अविवाहित रहना सामान्य बात है। इसे दृष्टि में रखते हुए 'जल्दी' या 'देरी' का अर्थ लगाएं। विवाह का समय जानने के लिए शनि रेखा में मिलने वाली चंद्र पर्वत की प्रभाव रेखा या शुक्र पर्वत से शनि रेखा को मिलने वाली प्रभाव रेखा विवाह की आयु निश्चित करने में सहायक होती है। इस रेखा के साथ अन्य रेखाओं का योग भी देखना होता है।

पहले कामभाव की रेखा को लेते हैं। कनिष्ठिका के आधार से हृदय रेखा के मध्य के भाग को 50 वर्ष का समय मानें। यदि काम. भाव की रेखा उस स्थान में मध्य में हो (देखें चित्र 7/2), तो 25 वर्ष की आयु में प्रेम संबंध या विवाह की संभावना है। यदि मध्य से ऊपर अर्थात् कनिष्ठिका के निकट हो तो उसी हिसाब से देर लगेगी। यदि हृदय रेखा के निकट हो तो उसी हिसाब से जल्दी संबंध बनेंगे। यदि एक से अधिक कामभाव की रेखाएं हों, तो निचली रेखा यानी हृदय रेखा के निकट की कामभाव रेखा के अनुसार शुभ विवाह। इस संभावना का समय निश्चित करने के लिए शनि रेखा देखें। इस बात को नोट करके अन्य लक्षण देखें। अब अन्य लक्षण बताते हैं।

कामभाव की रेखा मोटी हो तो देर से विवाह।

कामभाव की रेखा इकहरी हो और छोटी हो तो देर से विवाह होता है या प्रेम या विवाह के संबंध में भावना का पक्ष कमजोर होता है। कामभाव की दो रेखाएं हों तो भावना पक्ष प्रबल होता है और कामभाव अधेड़ावस्था तक बने रहने की संभावना होती है।

कामभाव की रेखाएं तीन हों तो दो विवाह अथवा एक विवाह के साथ एक अन्य प्रेम संबंध भी कह सकते हैं। इन लक्षणों के साथ, शुक्र पर्वत, आक्रामक मंगल, बुध पर्वत पुष्ट हों, कनिष्ठिका लंबी हो तो अतिरिक्त यौन-संबंध की पुष्टि होती है। यदि ये लक्षण अविकसित हों तो प्रेम का मानसिक पक्ष रहता है।

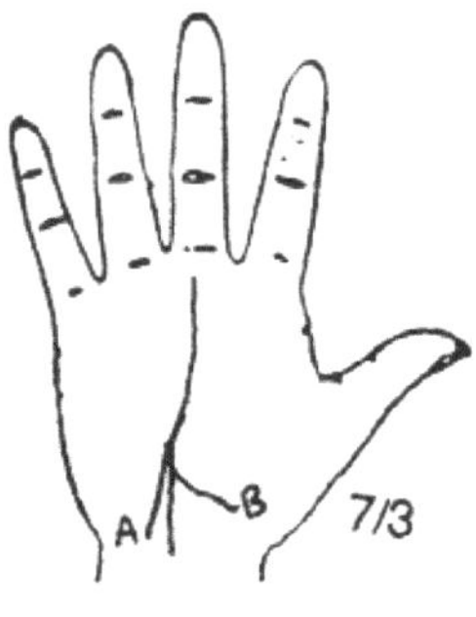


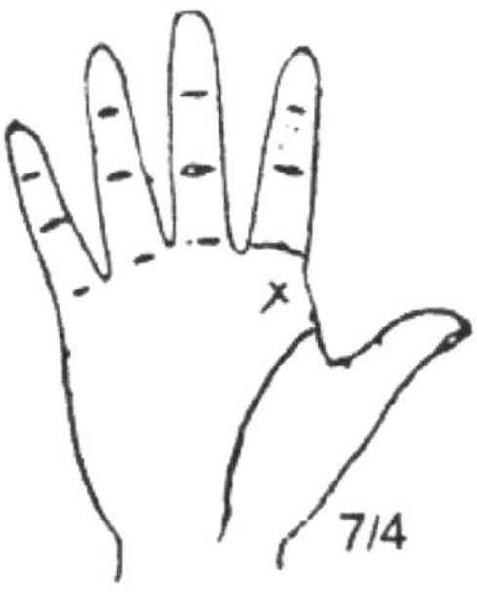


विवाह का समय जानने के लिए देखें कि शनि रेखा किस आयु से प्रारंभ हुई है अथवा मोटी शनि रेखा किस आयु में पतली हुई है या दूषित शनि रेखा के दोष का कब निवारण हुआ है। दोष-निवारण के उपरांत विवाह का समय कहें।

चंद्र पर्वत की प्रभाव रेखा (देखें चित्र 7/3-ए) के शनि रेखा में मिलने का स्थान विवाह का समय या प्रेम का समय है। शुक्र पर्वत की प्रभाव रेखा शनि रेखा से मिले। (देखें चित्र 7/3-बी) तो भी यही फल है। यदि प्रश्न धन के विषय में हो तो, प्रभाव रेखा के मिलने का समय साझेदारी का समय कहेंगे। कब धन का अर्थ लगाना है, यह प्रश्नकर्ता के प्रश्न और हाथ देखने वाले के अनुभव पर निर्भर है। दोनों प्रभाव रेखाओं के शनि रेखा से मिलने के समय के अनुसार लाभ या संबंध का समय बताएं।

गुरु पर्वत के केंद्र में क्रॉस हो (देखें चित्र 7/4) तो रिवाज के अनुसार सामान्य आयु में विवाह। गुरु पर्वत पर जीवन रेखा के निकट क्रॉस हो तो शीघ्र विवाह। गुरु पर्वत पर तर्जनी रेखा के आधार के निकट क्रॉस हो तो देर से विवाह। विवाह की सामान्य आयु प्रत्येक स्थान पर रीति-रिवाज पर आधारित होती है।

## सुखी विवाह जीवन अथवा मधुर प्रेम संबंध के हस्तलक्षण

कामभाव की दो रेखाएं सीधी हों तो जीवनसाथी से भावनात्मक लगाव।

कामभाव की रेखा का रुख उंगलियों की ओर हो (देखें चित्र 7/5) तो जीवनसाथी लंबी उम्र पाता है।

कामभाव की रेखा/रेखाएं निर्दोष हों, जीवन रेखा पतली और गोलाकार हो, शनि रेखा पतली और निर्दोष हो तथा जीवन रेखा से दूर हो। मंगल रेखा जीवन से समानांतर किंतु तनिक दूर हो तथा पतली एवं निर्दोष हो। हृदय रेखा और मस्तिष्क रेखा सामानांतर, किंतु दूर-दूर हों और उनकी शाखाएं एक-दूसरे में प्रवेश न करें। अंगूठा बड़ा हो, तर्जनी बड़ी हो तथा उंगलियां सीधी हों, तो विवाहित जीवन में मधुरता बनी रहती है।

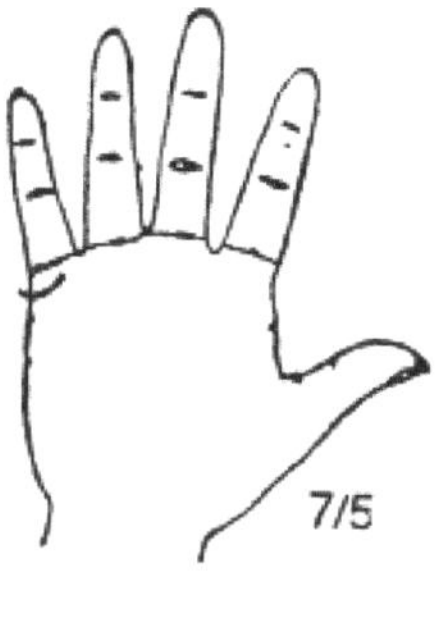
7/5

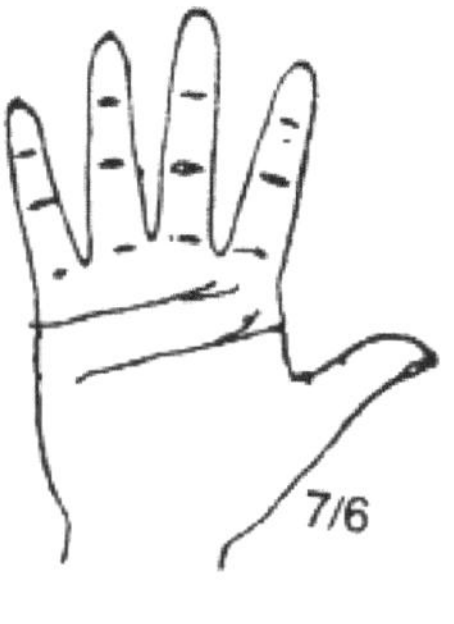
7/6

गुरु पर्वत से आरंभ हृदय रेखा के व्यक्ति अपने जीवनसाथी की सुख-संतुष्टि का ध्यान रखते हैं। हृदय रेखा और मस्तिष्क रेखा की शाखा गुरु पर्वत की ओर हो तो व्यक्ति अपने जीवनसाथी का ख्याल रखता है (देखें चित्र 7/6)।

हृदय रेखा आरंभ में तीन शाखायुक्त हो अथवा हृदय रेखा की शाखाएं उंगलियों के पर्वतों को जाएं (देखें चित्र 7/7) तो धन, सौभाग्य की दृष्टि से सुखी विवाहित जीवन।

शनि रेखा पतली और गहरी हो, हाथ सुंदर और भरा-भरा हो, दोनों अंगूठों के मध्य की विभाजक रेखा में स्पष्ट यव (द्वीप) हों तो पति-पत्नी सुख लंबा।

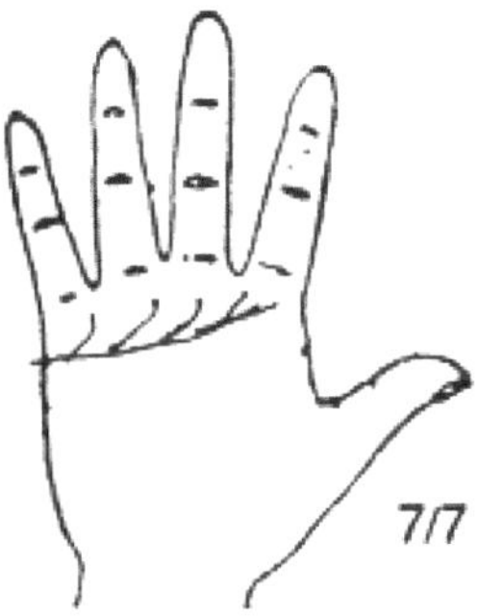
7/7

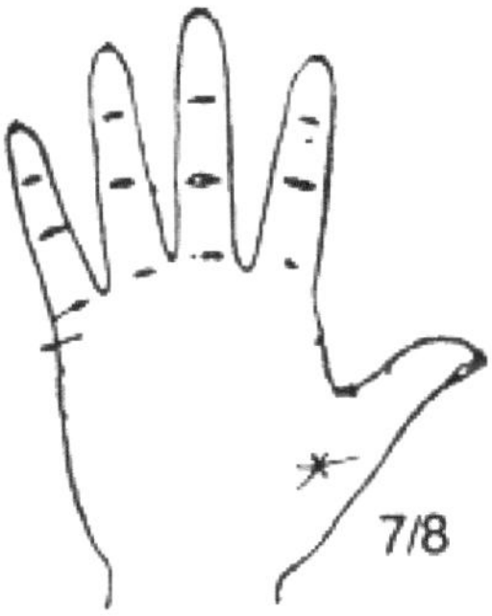
7/8

स्त्री के दोनों हाथों की हृदय रेखा पतली, गहरी और शाखायुक्त हो तो पति और संतान का सुख लंबा।

अच्छी विवाह रेखा के साथ शुक्र पर्वत पर स्टार हो (देखें चित्र 7/8), तो प्रेमोपरांत विवाह या धनी परिवार में विवाह।

हृदय रेखा की सूर्य पर्वत को जाने वाली शाखाएं सुखी परिवार में विवाह संबंध।

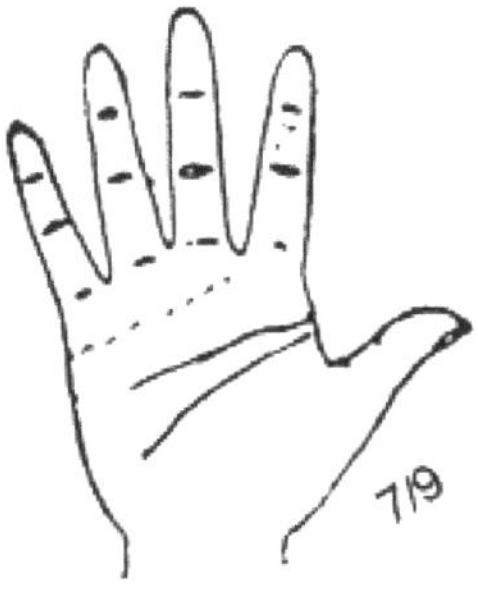
7/9

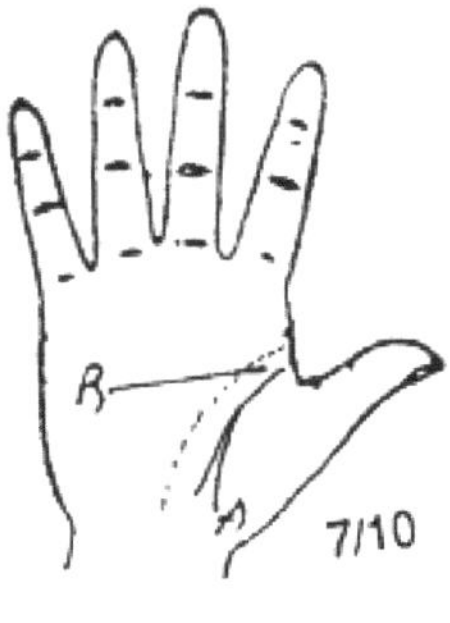

7/10

स्त्री के हाथ में दो मस्तिष्क रेखाएं हों और दोनों स्वतंत्र अर्थात् अलग तो धनी परिवार में विवाह। यदि इन दोनों रेखाओं में एक की दिशा चंद्र पर्वत हो तो (देखें चित्र 7/9) तो विवाह में प्रेम प्रमुख।

## अनिष्टकारी विवाह तथा दु:खी प्रेम संबंधों के हस्तलक्षण

विवाह प्रेम में अनिष्ट की संभावना देखने के लिए इन लक्षणों से अनुमोदन पाएं:

मंगल रेखा अंत में दो शाखायुक्त हो जाए (देखें चित्र 7/10-ए), जीवन रेखा सीधी हो, अधूरी हो या टूटी हो, शनि रेखा में क्रॉस हो या द्वीप हो या शनि रेखा टूटी हो, मस्तिष्क रेखा आक्रामक मंगल से निकले (देखें चित्र 7/10-बी) या जीवन रेखा से अधिक दूरी से उदित हो, इन अशुभ लक्षणों के साथ दूषित कामभाव की रेखा का फल निकालें।

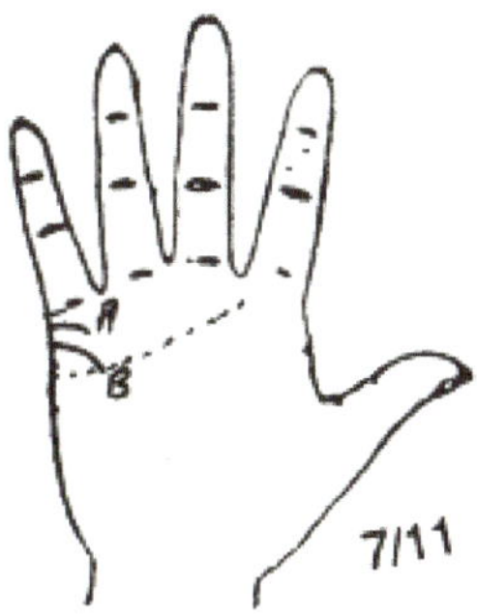

7/11

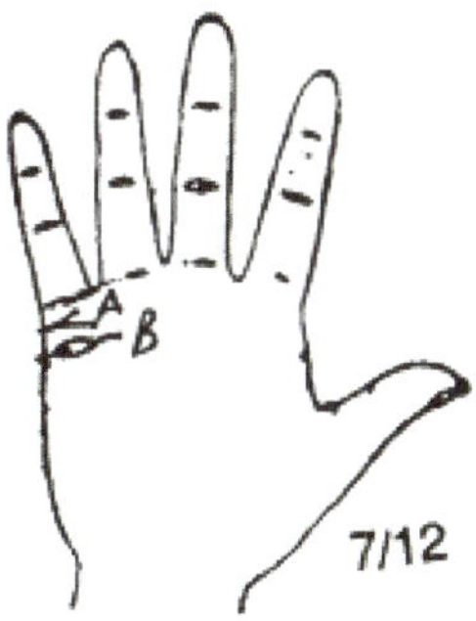

7/12

कामभाव की रेखा/रेखाओं का झुकाव हृदय रेखा की ओर हो (देखें चित्र 7/11-ए) तो जीवनसाथी से खटपट। यदि विवाह रेखा या उसकी शाखा हृदय रेखा को छू लेती है (देखें चित्र 7/11-बी) तो जीवनसाथी का बुरा स्वास्थ्य या तलाक। तलाक का अनुमोदन मंगल रेखा और शनि रेखा से अवश्य करें।

कामभाव की रेखा अंत में दो शाखायुक्त हो (देखें चित्र 7/12-ए) अथवा द्वीपयुक्त हो (देखें चित्र 7/12-बी) तो विवाह संबंधों में झंझट।

विवाह रेखा में दोष देखकर एकदम दांपत्य संकट नहीं कहना चाहिए। जीवनसाथी के स्वास्थ्य के बारे में सवाली से जानना चाहिए, तत्पश्चात खटपट पूछनी चाहिए।

कामभाव की रेखा में क्रॉस या स्टार हो तो तलाक या जीवनसाथी पर संकट।

अंगूठे का सिरा गदा की तरह मोटा हो अथवा अंगूठे का सिरा चपटा हो या अंगूठा छोटा हो तो दूषित विवाह रेखा का फल बढ़ जाता है।

अंगूठे के दो पोरों के मध्य की रेखा टूटी-फूटी हो (देखें चित्र 7/13) या कटी-फटी हो तो दुःखी विवाह जीवन।

आक्रामक मंगल की प्रभाव रेखा, जीवन रेखा की ऊर्ध्वमुखी शाखा को काटे (देखें चित्र 7/14) तो संबंधों में खराबी, मुकदमे का प्रश्न हो तो वसूली में कठिनाई।

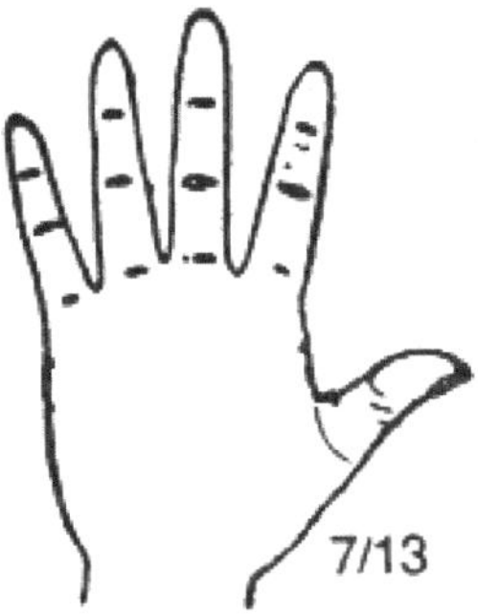
7/13

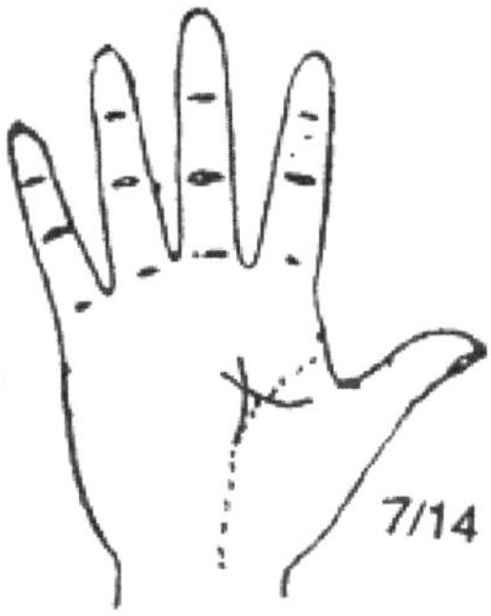
7/14

मंगल रेखा पर स्टार या द्वीप हो (देखें चित्र 7/15-ए, बी) या मंगल रेखा लहरिया हो (देखें चित्र 7/16) तो अशांत विवाहित जीवन, किसी भी दोष को यदि वर्ग ढके तो बचाव।

शनि रेखा मोटी हो और चंद्र पर्वत के द्वीप से आरंभ हो तथा मस्तिष्क रेखा पर रुके तो खटपट (देखें चित्र 7/17)।

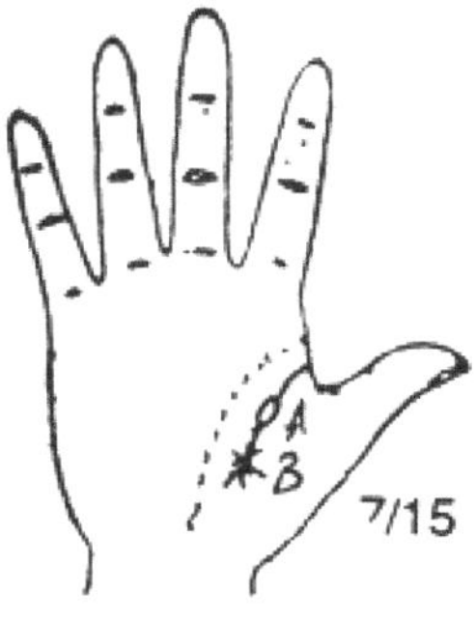

7/15

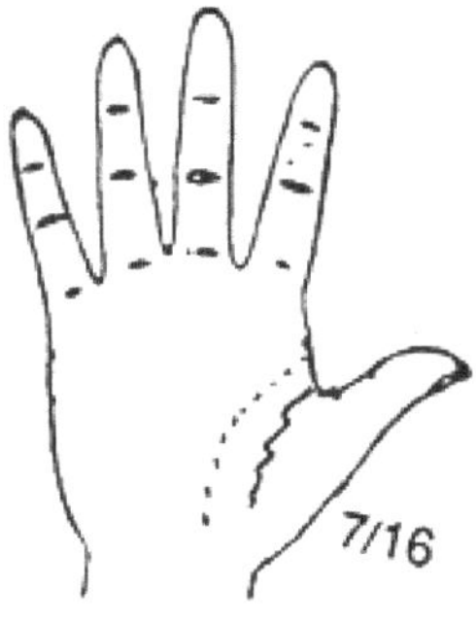
7/16

हृदय रेखा शनि पर्वत से आरंभ हो तो छोटी कही जाती है, उसके साथ तर्जनी छोटी हो तो व्यक्ति विवाह संबंधों में स्वार्थ और ओछापन रहता है। उसके साथ दांपत्य जीवन सखी नहीं रहता।

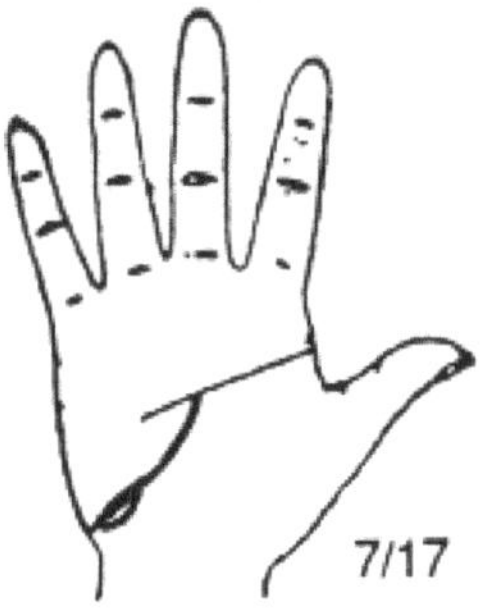
7/17

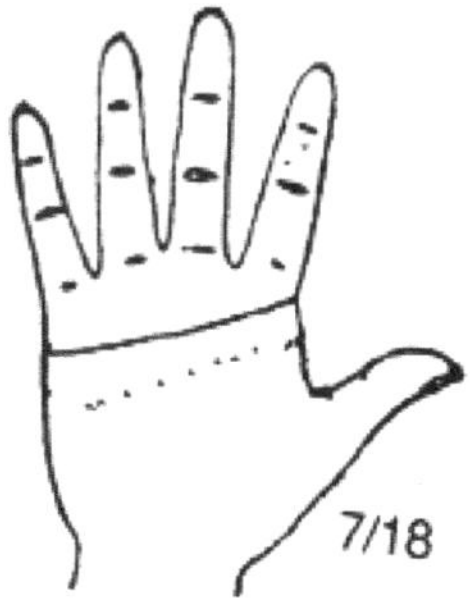
7/18

हृदय रेखा हथेली की पूरी चौड़ाई को घेरे (देखें चित्र 7/18) तो प्रेमपात्र पर व्यक्ति अधिकार जमाने का यत्न करता है, जिससे दांपत्य जीवन या प्रेम-संबंधों में कटुता आती है।

हृदय रेखा की गहरी शाखा गुरु पर्वत के नीचे दूषित मस्तिष्क रेखा को काटे (देखें चित्र 7/19) तो प्रेम अथवा विवाह में असफलता या जीवनसाथी की मृत्यु सवाली से पूर्व होगी।

हृदय रेखा बिना किसी शाखा के हो तो भावनाशून्यता के कारण विवाहित जीवन सुखी नहीं होता।

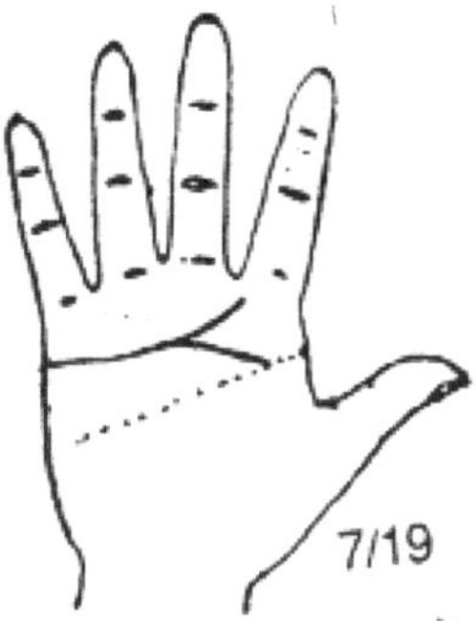
7/19

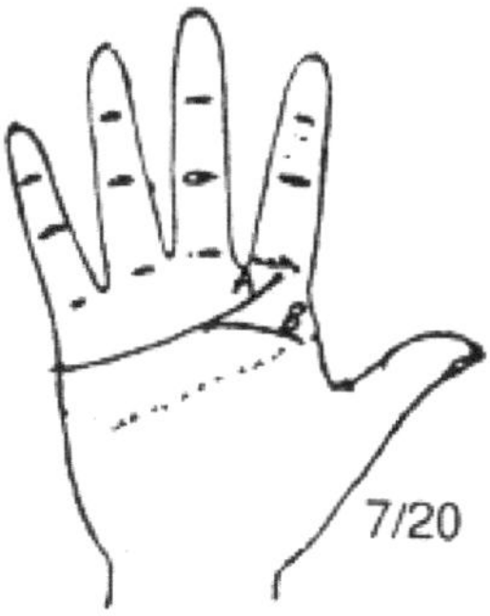
7/20

तर्जनी के आधार से आरंभ हृदय रेखा के व्यक्ति (देखें चित्र 7/20) अपने प्रेमपात्र या जीवनसाथी में ऐसे गुण देखना चाहते हैं, जो संभव नहीं हैं। इससे विवाह या प्रेम-संबंधों में निराशा मिलती है। ऐसी हृदय रेखा की शाखा मस्तिष्क रेखा तक पहुंचे (देखें चित्र 7/20-बी) तो तलाक की संभावना होती है।

चंद्र पर्वत से शनि रेखा में मिलने वाली प्रभाव रेखा में स्टार हो (देखें चित्र 7/21) तो जीवनसाथी या प्रेमपात्र का अनिष्ट।

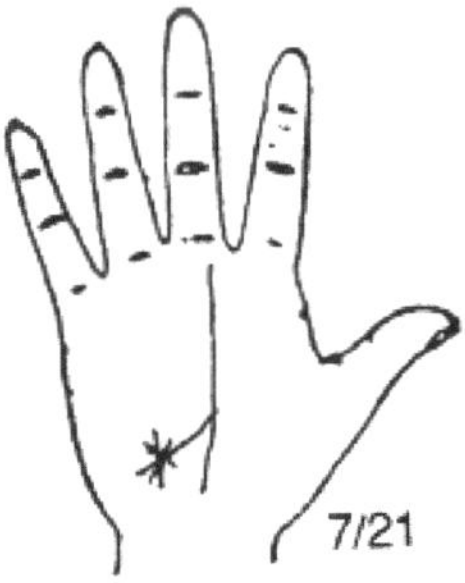

7/21

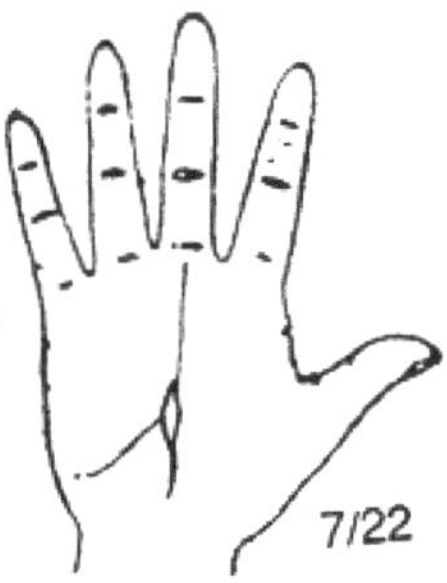

7/22

चंद्र पर्वत की प्रभाव रेखा जिस समय शनि रेखा में मिले, उस समय शनि रेखा में द्वीप हो (देखें चित्र 7/22) तो संबंधों में कटुता। अन्य लक्षण देखकर निष्कर्ष निकालें।

शनि रेखा पर द्वीप या स्टार हो तो जीवनसाथी से सुख नहीं मिलता तथा धन-हानि होती है।

शनि रेखा में द्वीप के समय किए जाने वाला विवाह सफल नहीं होता। द्वीप की अधिकतम चौड़ाई का समय अधिकतम कष्ट का समय होता है।

शनि रेखा मस्तिष्क रेखा पर रुके, जीवन रेखा सीधी या अधूरी हो (देखें चित्र 7/23), तर्जनी छोटी हो तो जीवनसाथी पर संकट।

शुक्र पर्वत की प्रभाव रेखा, जीवन रेखा को काटती हुई चंद्र पर्वत को जाए (देखें चित्र 7/24) तो विपरीत लिंग के व्यक्ति द्वारा अनिष्ट की आशंका। पश्चिमी पामिस्ट्री में इसे वाया लासिवा कहते हैं, जो भारी और कठोर हाथ पर अतिरिक्त कामशक्ति बताती है और पतले या गुदगुदे हाथ में ड्रग्स की प्रवृत्ति बताती है।

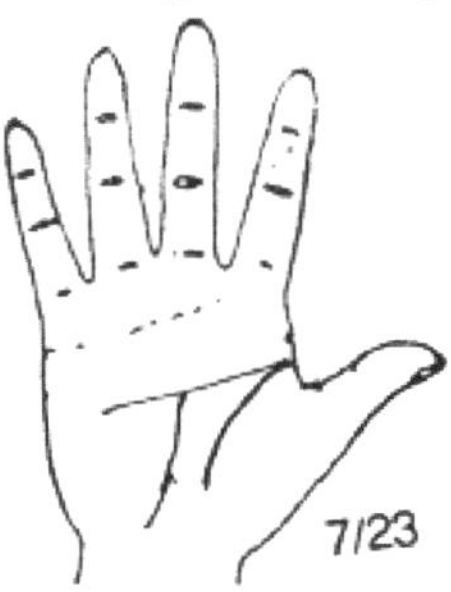

7/23

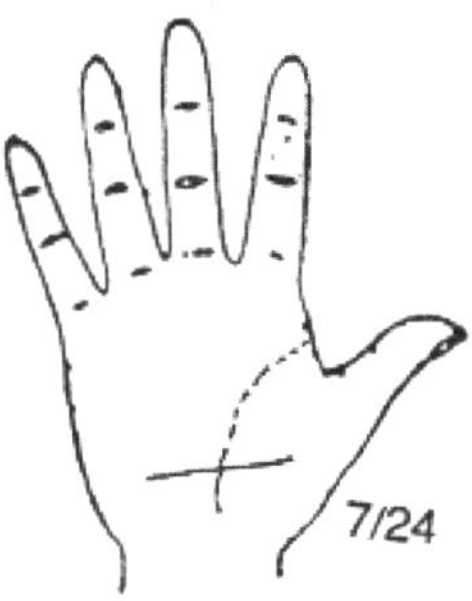

7/24

शुक्र पर्वत की प्रभाव रेखा, शनि पर्वत पर पहुंचकर दो शाखायुक्त हो जाए (देखें चित्र 7/25) तो दुःखी विवाह।

## विवाह अथवा प्रेम-संबंधों में बाधा के लक्षण

शनि रेखा में द्वीप के समय में संबंध बनने में परेशानी।

शनि रेखा चंद्र पर्वत के द्वीप से निकले (देखें चित्र 7/26) तो प्रेम विवाह में निराशा।

शनि रेखा जितने समय तक दूषित रहे, विवाह संबंध में बाधाएं रहती हैं।

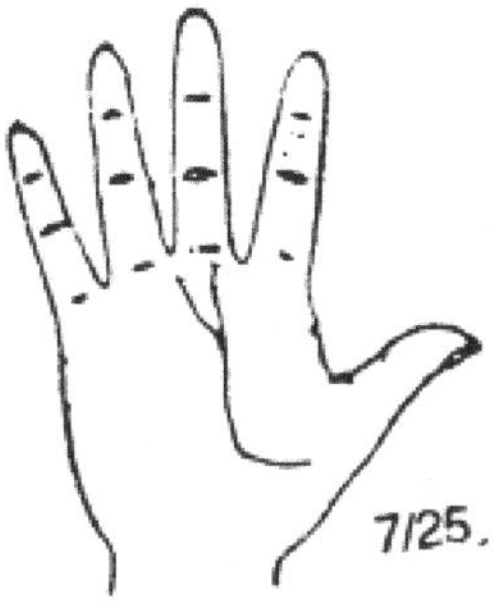
7/25.

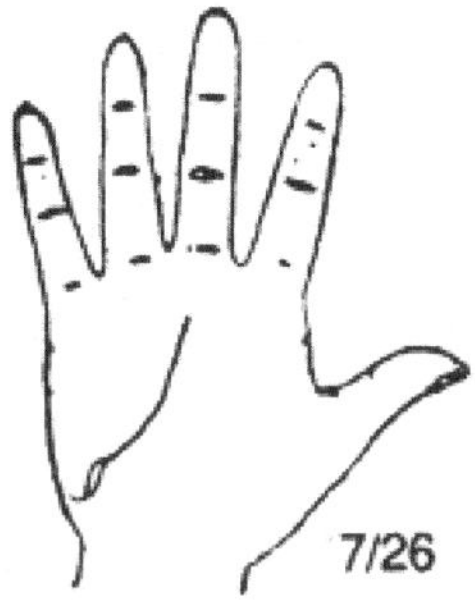
7/26

जीवन रेखा और शनि रेखा के मध्य कुठार रेखा हो (देखें चित्र 7/27) तो कुठार रेखा के काल तक बाधा। कुठार रेखा का समय शनि के आयु संबंधी नियम से ज्ञात करें।

हृदय रेखा और मस्तिष्क रेखा के मध्य छोटी-छोटी रेखाएं हों और वे हृदय रेखा को काटें (देखें चित्र 7/28) तो प्रेम में निराशा।

हृदय रेखा तर्जनी के तीसरे पोर से आरंभ हो (देखें चित्र 7/29) तो प्रेम में निराशा। निराशा कब ठीक होगी, यह शनि रेखा से ज्ञात करें।

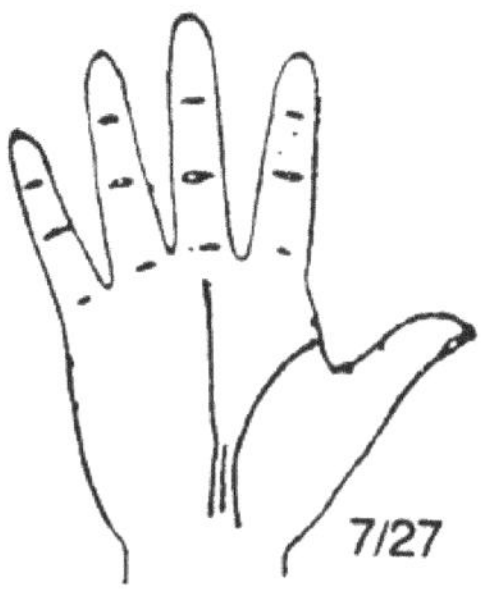
7/27

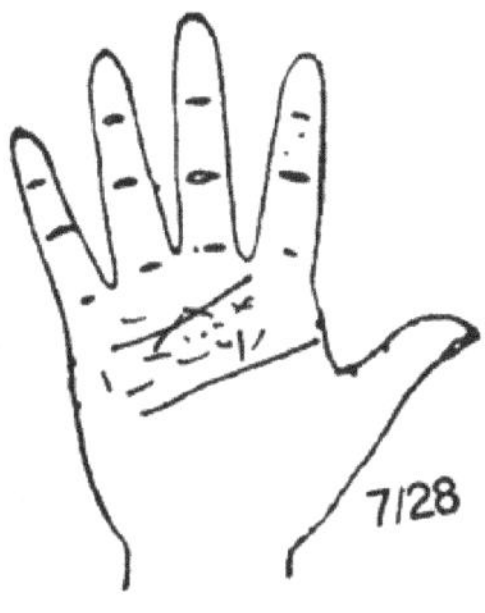
7/28

हृदय रेखा टूटी-फूटी हो तो प्रेम में निराशा।

शुक्र पर्वत के केंद्र में क्रॉस हो (देखें चित्र 7/30) तो प्रेम में निराशा।

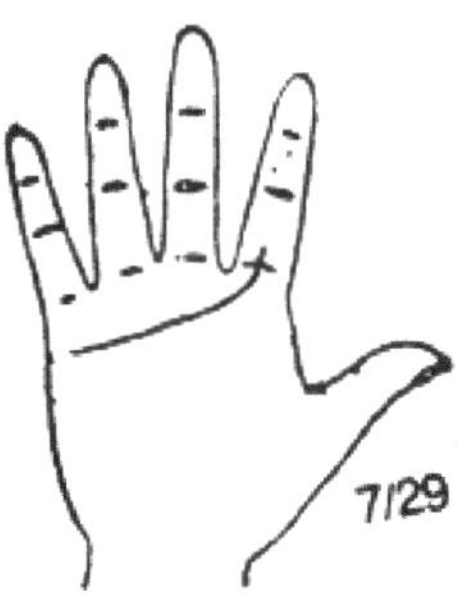
7/29

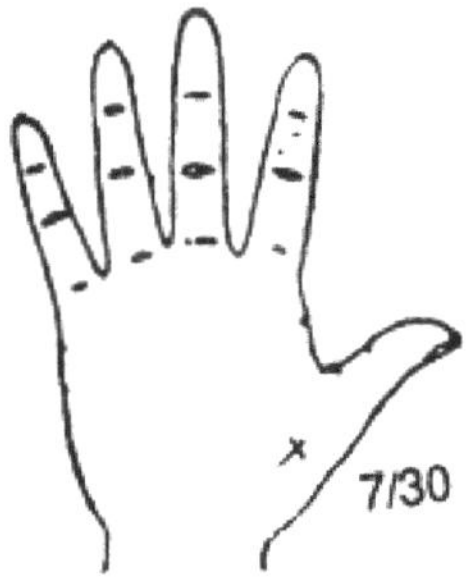
7/30

अधिक विकसित आक्रामक मंगल, विवाह/प्रेम में रुकावट।

अंगूठे के दूसरे पोर से प्रभाव रेखा निकलकर जीवन रेखा को काटे (देखें चित्र 7/31) तो दुर्भाग्यकारक प्रेम।

## प्रेम विवाह या स्वीकृत विवाह?

मोटी शनि रेखा के व्यक्ति स्वेच्छाचारी होते हैं। उनकी प्रेम-विवाह की संभावना अधिक होती है। पतली शनि रेखा के व्यक्ति सुलझे दिमाग के व्यक्ति होते हैं, वे सोच-समझकर विवाह करते हैं। यदि वे प्रेम भी करते हैं, तो विवाह के अवसर पर माता-पिता या संरक्षकों से विवाह की स्वीकृति ले लेते हैं।

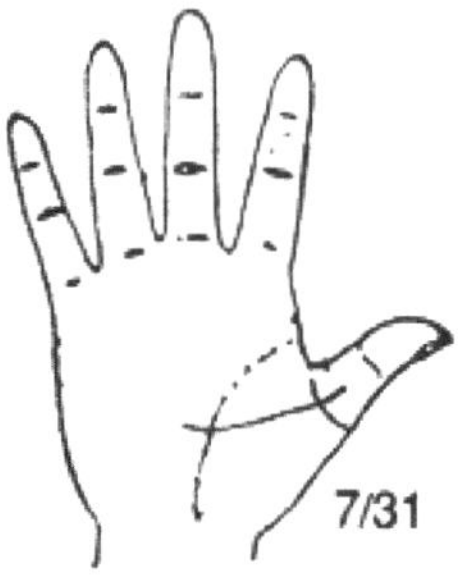
7/31

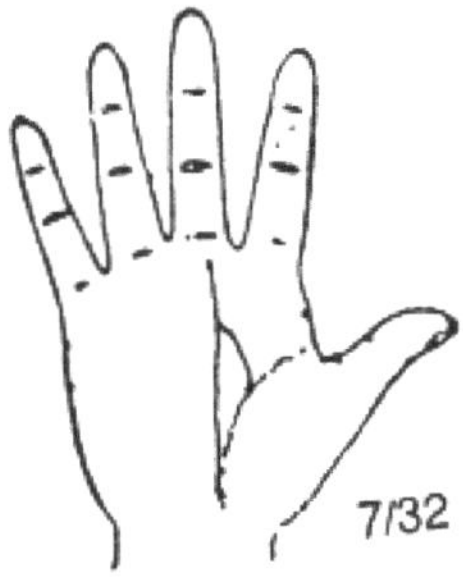
7/32

मस्तिष्क रेखा लंबी, सीधी और निर्दोष हो तो स्वीकृत विवाह की संभावना है।

हृदय रेखा शाखायुक्त हो और अनामिका लंबी हो तो प्रेम-विवाह की संभावना।

जीवन रेखा की कोई शाखा गोलाकार होकर शनि रेखा के साथ द्वीप बनाए (देखें चित्र 7/32) तो प्रेम विवाह।

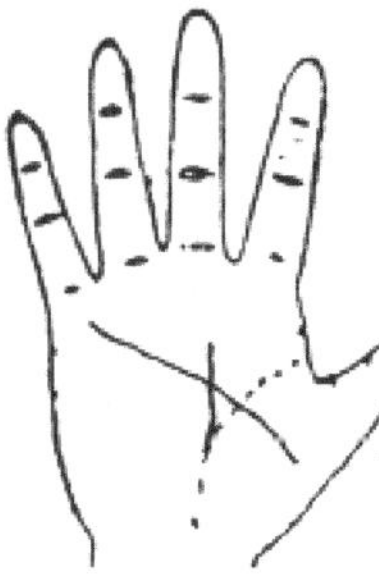
7/33

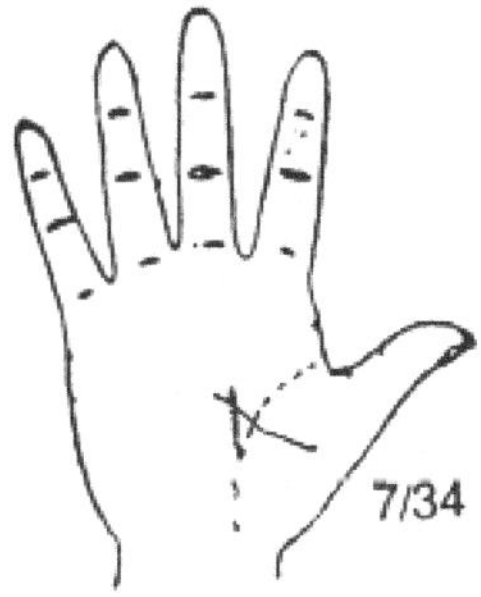
7/34

शुक्र पर्वत की प्रभाव रेखा, जीवन रेखा की ऊर्ध्वमुखी शाखा (उंगलियों की ओर जाने वाली शाखा) को काटती हुई बुध पर्वत तक जाए (देखें चित्र 7/33) तो प्रेम-संबंध। यदि यह प्रभाव रेखा, जीवन रेखा को काटकर रुक जाए और बुध पर्वत तक न पहुंच पाए (देखें चित्र 7/34) तो तलाक।

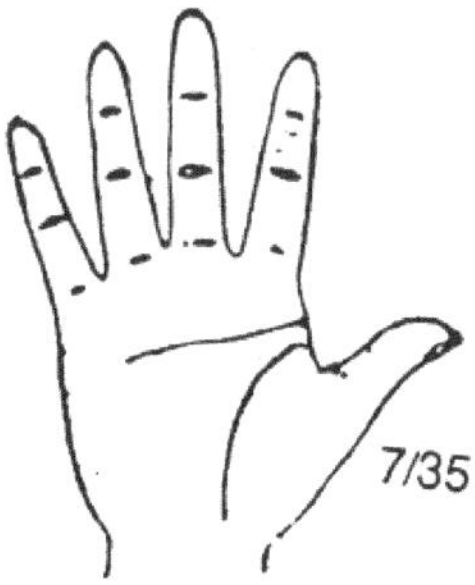
7/35

शुक्र पर्वत से प्रभाव रेखा निकलकर शनि रेखा को छुए तो प्रेम-संबंध, व्यापार का प्रश्न हो तो साझेदारी। (यह चित्र छठे अध्याय में 6/61 में दिखा चुके हैं।)

शुक्र पर्वत से रेखा निकलकर शनि रेखा के समानांतर चले तो प्रेम-संबंध देर तक चलेगा। प्रश्न व्यापार का हो तो साझेदारी देर तक चलेगी।

जीवन रेखा, मस्तिष्क रेखा के उदय स्थल में फासला अधिक हो (देखें चित्र 7/35) तो प्रेम-विवाह की संभावना होती है, किंतु विवाह सौभाग्यकारक नहीं होता। मस्तिष्क रेखा से दूर तक मिली हुई जीवन रेखा के व्यक्ति एरेंज्ड मैरिज (स्वीकृत विवाह) करते हैं।

# तलाक, पुनर्मिलन तथा दूसरे विवाह के हस्तलक्षण

कामभाव की रेखा, हृदय रेखा में मिले (पुनः देखें चित्र 7/11–बी) या कामभाव की रेखा में द्वीप हो (देखें चित्र 7/12–बी), शनि रेखा में द्वीप हो, हृदय रेखा मस्तिष्क रेखा में मिले, मंगल रेखा में द्वीप हो, अथवा मंगल रेखा एक स्थान पर रुककर आगे के लिए अन्य स्थान से चले (देखें चित्र 7/42), इन लक्षणों में से तीन या अधिक एक ही हाथ पर मिल जाएं तो पुराने संबंध विच्छेद के उपरांत अथवा जीवनसाथी की मृत्यु के उपरांत दूसरा विवाह।

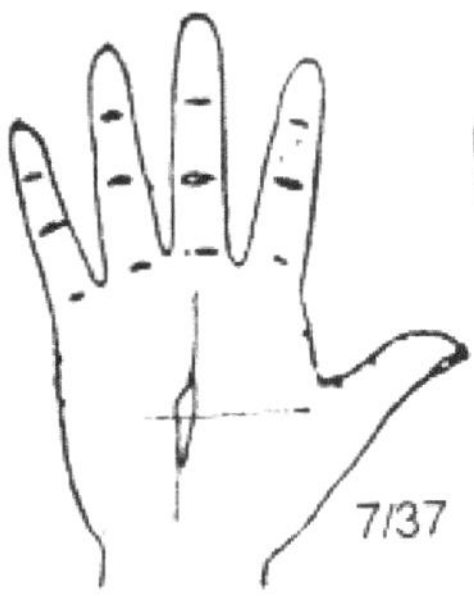
7/37

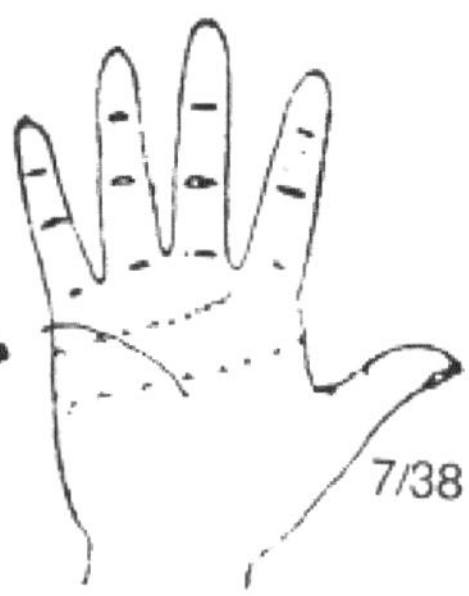
7/38

कुछ अन्य लक्षण भी बताते हैं, किंतु अन्य लक्षण देखते समय कामभाव की रेखा को पहले देख लें। अन्य लक्षण अनुमोदन के लिए देखें।

शनि रेखा में द्वीप हो, उस द्वीप को आक्रामक मंगल की प्रभाव रेखा काटे (देखें चित्र 7/37) तो संबंध-विच्छेद की संभावना।

कामभाव की रेखा हृदय रेखा में मिले, दोनों हाथ की शनि रेखा में द्वीप हो, मंगल रेखा में द्वीप हो तो जीवनसाथी या प्रेमी से बिछोह या मृत्यु, तदुपरांत दूसरा विवाह।

कामभाव की रेखा दूषित मस्तिष्क रेखा व हृदय रेखा को काटे (देखें चित्र 7/38) तो तलाक।

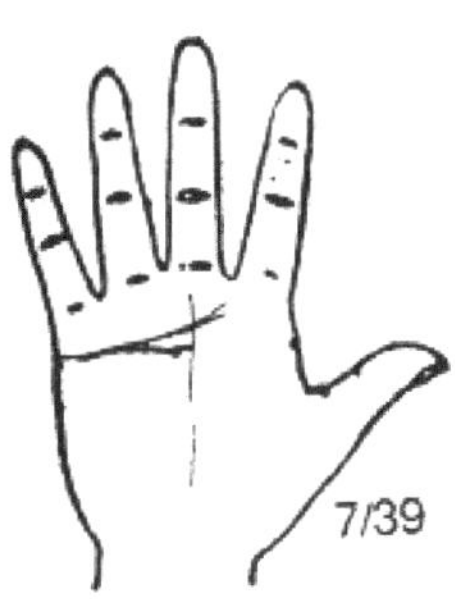
7/39

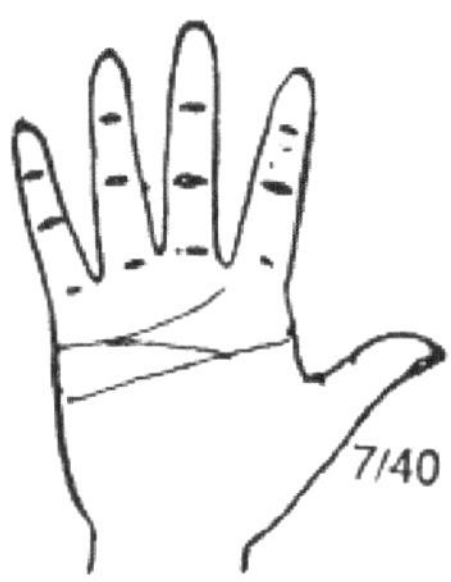
7/40

हृदय रेखा की मोटी शाखा शनि रेखा को छुए (देखें चित्र 7/39) तो तलाक की संभावना।

हृदय रेखा की शाखा मस्तिष्क रेखा में मिले (देखें चित्र 7/40) तर्जनी छोटी हो तो तलाक।

शनि रेखा अनेक स्थानों पर टूटी हो तो तलाक की संभावना।

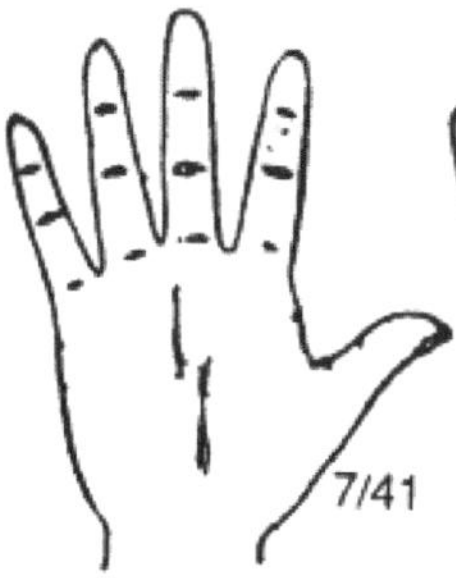


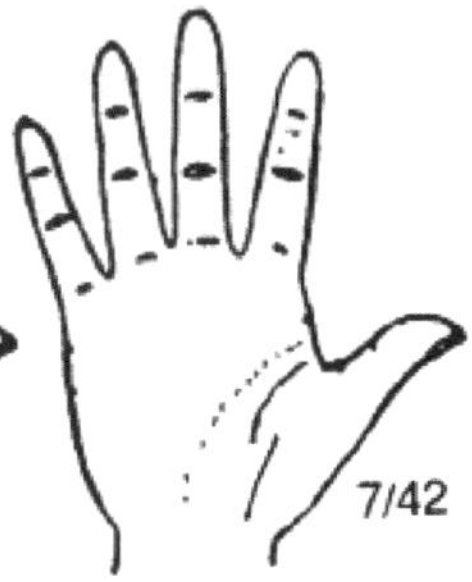


शनि रेखा एक स्थान पर समाप्त हो, तनिक फासला छोड़कर उसी आयु में दूसरी जगह से आरंभ हो (देखें चित्र 7/41) तो विच्छेद के उपरांत दूसरा विवाह।

मंगल रेखा एक स्थान पर रुके उसी आयु में उस टूटे स्थान के निकट समानांतर मंगल रेखा का शेष अंश आगे बढ़े (देखें चित्र 7/42) तो तलाक के उपरांत दूसरे विवाह की संभावना।

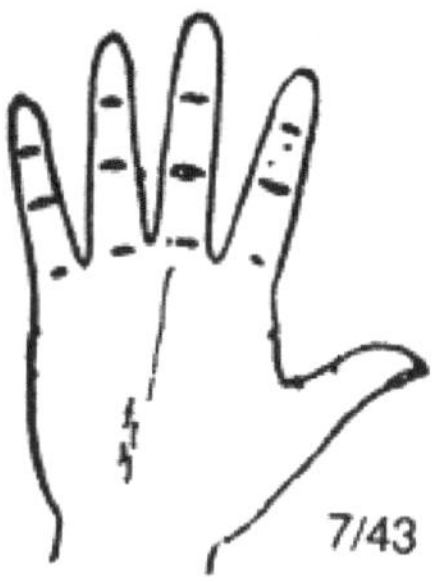


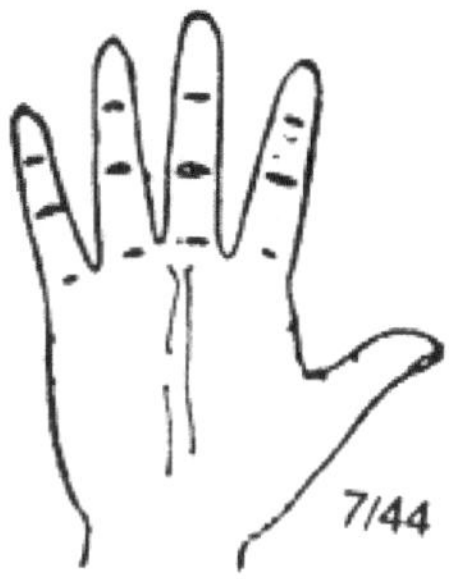


शनि रेखा के टुकड़े एक-दूसरे पर चढ़े हों, तो खटपट, मिलन-विच्छेद का सिलसिला जारी रहता है। इस खंडित रेखा के रुकने के स्थान की आयु में शनि रेखा का नया अंश जारी हो (देखें चित्र 7/43) तो संबंध-विच्छेद के बाद नया विवाह।

दो शनि रेखाओं में एक टूटी हो और दूसरी निर्दोष हो (देखें चित्र 7/44) तो विवाह, प्रेम-संबंध में तनाव के बाद पुनर्मिलन।

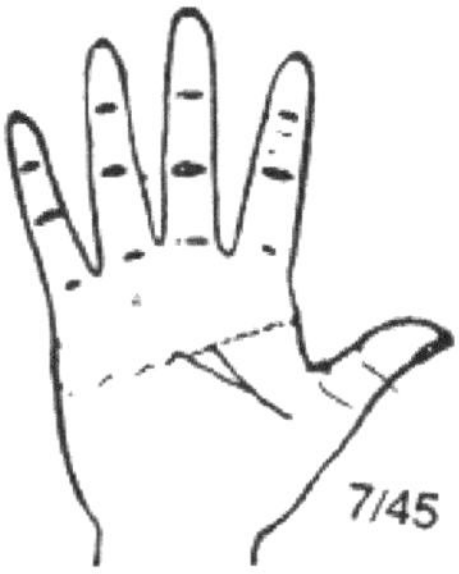
7/45

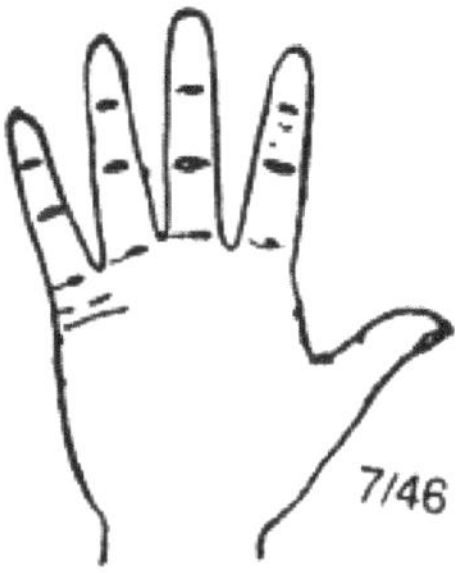
7/46

शुक्र पर्वत की प्रभाव रेखा, मस्तिष्क रेखा तक पहुंचकर दो शाखायुक्त हो जाए (देखें चित्र 7/45) तो तकाल या सेक्स स्कैंडल।

कामभाव की दो रेखाओं में एक टूटी हो, दूसरी कामभाव की रेखा टूटी रेखा के अंश को ढके (देखें चित्र 7/46) तो कुछ झंझटों के उपरांत पुनर्मिलन स्थापित हो जाता है।

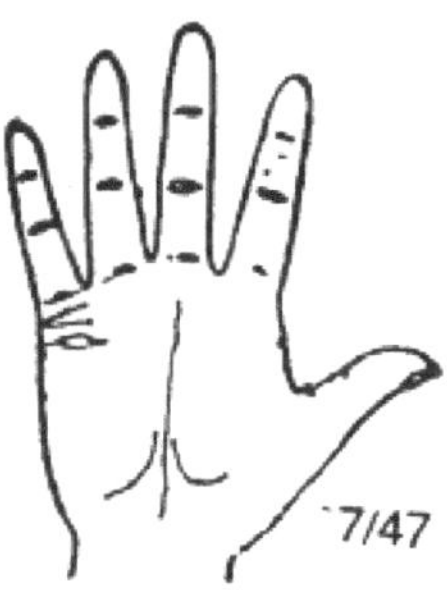
7/47

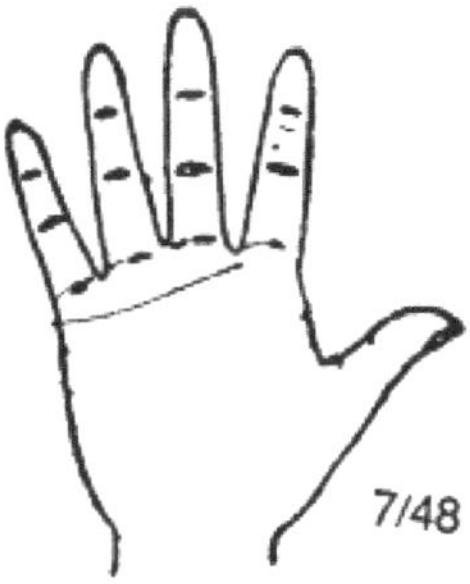
7/48

यदि मंगल रेखा और कामभाव की रेखा ठीक है और शनि रेखा, जीवन रेखा दूषित हो तो ये दोष धन आदि विषयों को बताते हैं। रेखाओं के इन अलग-अलग अर्थों को हम अलग-अलग अध्यायों में बता रहे हैं।

## प्रेम या विवाह-संबंधों में वफादारी न होने के लक्षण

मंगल रेखा गहरी हो और वह जीवन रेखा के निकट हो, कनिष्ठिका लंबी और मोटी हो, आक्रामक मंगल, बुध पर्वत तथा शुक्र विकसित

हो, तो अतिरिक्त यौन-संबंध। साथ ही कनिष्ठिका का तीसरा पोर विशेष रूप से देखें। यदि वह लंबा, मोटा हो तो निश्चित। सूर्य पर्वत पर दोष हो या सूर्य रेखा दूषित हो तो बदनामी मिलेगी।

कामभाव की रेखा दो शाखायुक्त हो या उसमें द्वीप हो, शुक्र पर्वत अति विकसित हो और उसकी प्रभाव रेखा तथा चंद्र पर्वत की प्रभाव रेखा शनि रेखा के समानांतर चलें (देखें चित्र 7/47) तो अतिरिक्त यौन-संबंध। यदि विवाह रेखा निर्दोष हो तो शुक्र पर्वत की प्रभाव रेखा का अर्थ व्यापार में साझेदारी होता है।

विवाह रेखा दूषित हो और हृदय रेखा उंगलियों के आधार के अत्यंत निकट हो (देखें चित्र 7/48), शुक्र पर्वत अतिविकसित हो तो अतिरिक्त यौन-संबंध।

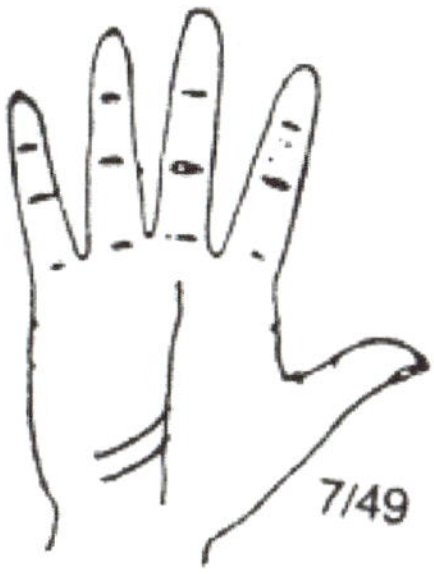
7/49

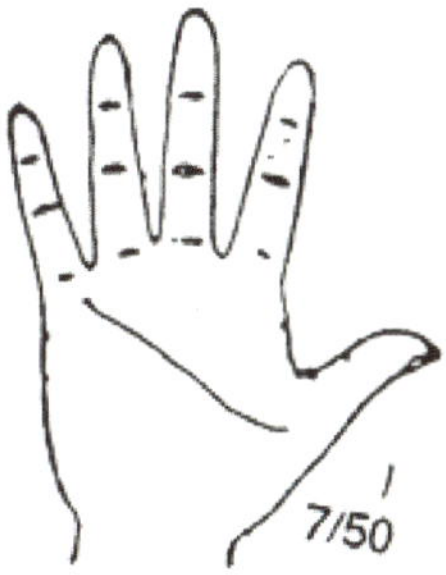
7/50

हृदय रेखा यदि शनि पर्वत से आरंभ हो, शुक्र पर्वत विकसित हो तो अतिरिक्त यौन-संबंध।

चंद्र पर्वत से दो प्रभाव रेखाएं शनि रेखा को मिलें (देखें चित्र 7/49) तो दो प्रेम-संबंध अथवा विवाह के अतिरिक्त एक अन्य संबंध। यह संबंध सुखद होगा या दुःखद, यह शनि रेखा की स्थिति को देखकर जानें।

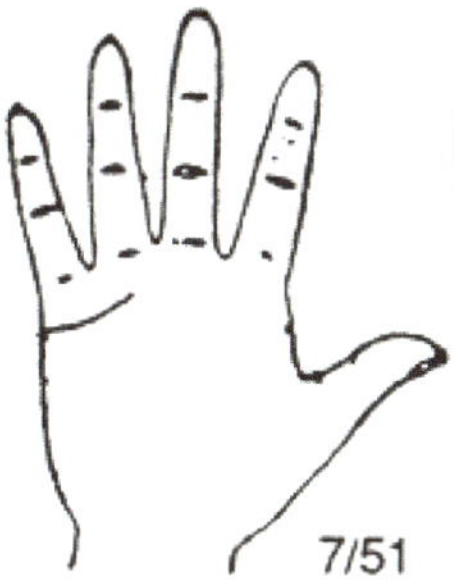
7/51

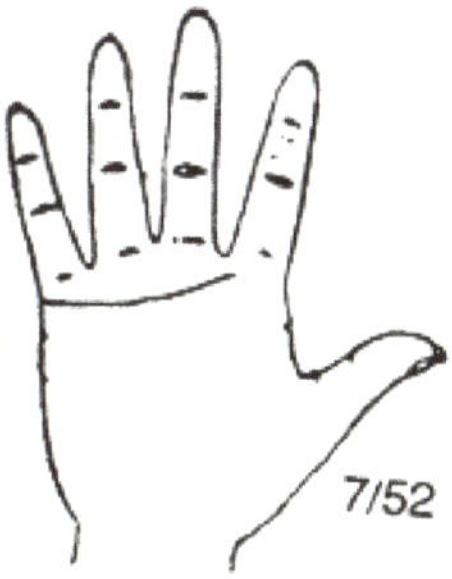
7/52

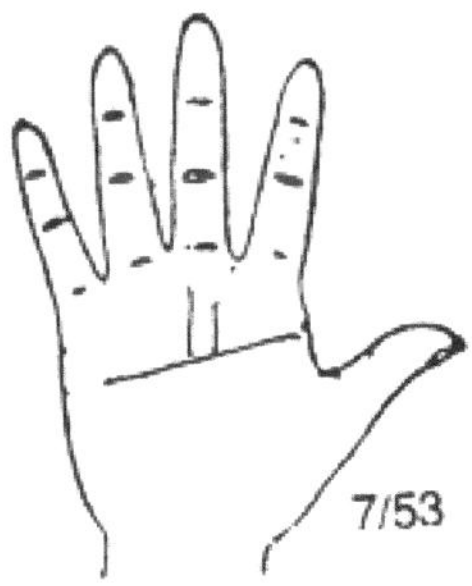

7/53

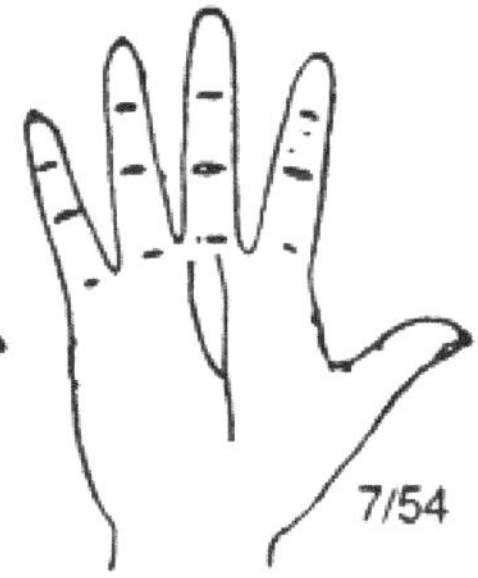

7/54

अन्य लक्षणों के साथ शुक्र पर्वत से प्रभाव रेखा निकलकर बुध पर्वत तक आए (देखें चित्र 7/50) तो अतिरिक्त यौन-संबंध। अन्य लक्षणों में शुक्र पर्वत विकसित या जालयुक्त कनिष्ठिका लंबी, मोटी, बुध पर्वत उन्नत आदि हैं।

हृदय रेखा, सूर्य पर्वत से आरंभ हो (देखें चित्र 7/51) और अन्य उपयुक्त लक्षण भी हो तो धन के नाश के साथ अनेक संबंध।

हृदय रेखा का समापन कनिष्ठिका उंगली के आधार के निकट हो (देखें चित्र 7/52) तो यौन-संबंधों में व्यक्ति नैतिक नहीं रहता।

मस्तिष्क रेखा से दो शनि रेखा निकलें (देखें चित्र 7/53), अन्य लक्षण अनुमोदन करें तो दो यौन-संबंध। अन्य लक्षण हम अनेक बार बता चुके हैं।

शनि रेखा से दूसरी शनि रेखा निकले (देखें चित्र 7/54), अन्य लक्षण अनुमोदन करें तो अनेक यौन-संबंध।

शनि रेखा दूषित हृदय रेखा पर रुके, अन्य लक्षण अनुमोदन करें तो अनेक यौन-संबंध।

ध्यान रखें अविकसित शुक्र पर्वत पर रेखाओं का जाल होता है, उसे विकसित पर्वत जैसा मानें और अन्य लक्षण देखकर निर्णय करें।

**हैंड प्रिंट 1-ए. दायां हाथ**

जीवन रेखा के अंत में छोटा द्वीप। इसी हाथ में एक और द्वीप भी ढूंढिए।

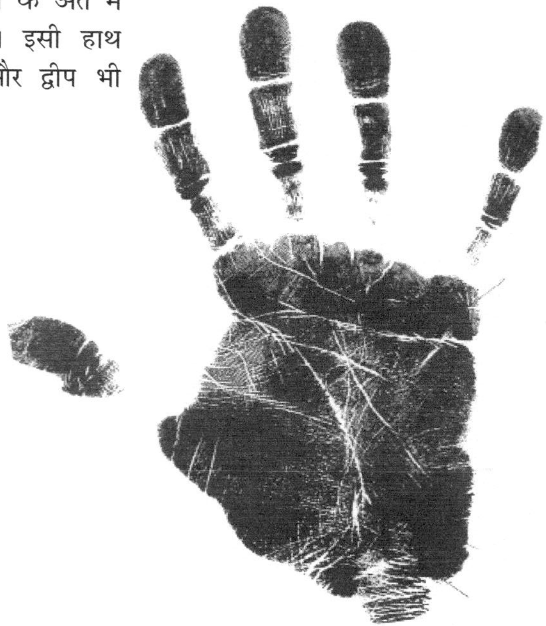

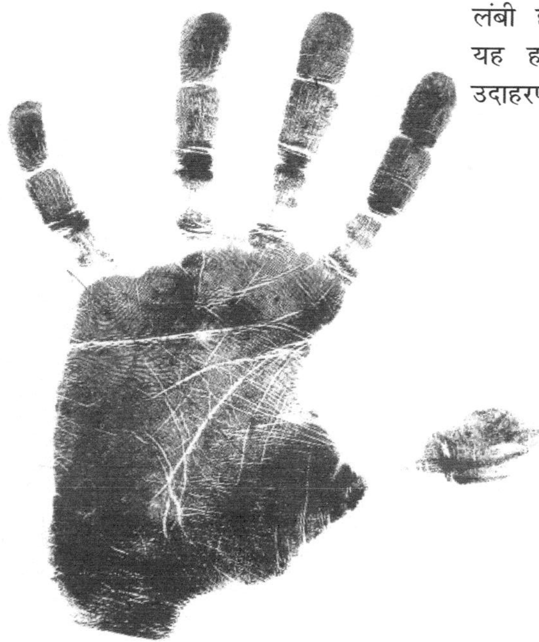

**हैंड प्रिंट-1-बी. बायां हाथ**

लंबी हथेली का यह हाथ स्पष्ट उदाहरण है।

# 4. कुछ हैंड प्रिंट्स और उनके फलादेश

## हैंड प्रिंट-1-ए, बी का फलादेश

यह 28 वर्षीय अविवाहित युवक का हाथ है, जो एक सामान्य फर्म में क्लर्क है। हथेली लंबी है, शुक्र पर्वत अति विकसित है। सूर्य तथा आक्रामक मंगल अविकसित हैं, शेष पर्वत सामान्य हैं। दोनों हाथों में कामभाव की एक-एक हृदय रेखा की बजाय कनिष्ठिका के आधार के निकट है।

मुख्य प्रश्न विवाह और कैरियर है। सवाली का सक्रिय हाथ दायां है।

लंबी हथेली व्यक्ति को योजनाप्रिय बनाती है, कार्यशक्ति घटाती है। कामभाव की रेखा हृदय रेखा से दूर है, कनिष्ठिका के निकट है, अतः विवाह 30 वर्ष में संभव है, किंतु केवल इस एक लक्षण पर निर्भर होकर भविष्यवाणी नहीं करते, अन्य रेखाएं भी देखते हैं।

मुख्य शनि रेखा चंद्र पर्वत के मध्य से 27 वर्ष में आरंभ हुई है। इस समय विवाह का संयोग हुआ था, किंतु इसलिए नहीं हो पाया कि उस रेखा के साथ एक समानांतर रेखा का टुकड़ा है, जो 27 से 28 वर्ष तक शनि रेखा के साथ चला है। यह टुकड़ा व्यक्ति के प्रेम-संबंध के विषय में बताता है। इस आयु में उसके सामने जो विवाह प्रस्ताव आए, उन्हें सवाली ने अस्वीकार कर दिया। प्रेमिका की शादी अन्यत्र हो गई, इसका कुछ समय तक सवाली को शोक

रहा। तत्पश्चात् विवाह के लिए स्वीकृति हुई, तब लड़की के मिलने में परेशानी हुई। यह बात इस युवक ने स्वीकार की है।

प्रेम की असफलता के कारण बना शून्य देखने के लिए इसी शनि रेखा को 29 और 30 के मध्य देखें, यह भाग गायब है। बाएं हाथ में उसी आयु में शनि रेखा में द्वीप है, जो जीवन रेखा, शनि रेखा और बुध रेखा की तीन भुजाओं से बना है।

दाएं हाथ में 31 वर्ष की आयु में जीवन रेखा से एक शाखा के रूप में शनि रेखा निकली है। यह विवाह का अवसर है। 32 वर्ष में एक अन्य शनि रेखा, जीवन रेखा से निकली है। यह रेखा अत्यंत स्पष्ट है, यह विशेष उपलब्धि बताती है। (**नोट** : इस पुस्तक के छपने के समय यह व्यक्ति पुनः आया। उस समय इसकी आयु 32 वर्ष की हो चुकी थी। उसने बताया कि मेरा 30 वर्ष की आयु में विवाह हो गया है और मेरे बच्चा होने वाला है।) अतः स्पष्ट हुआ कि यह उपलब्धि संतान के रूप में होनी थी।

मुख्य प्रश्न के उपरांत अन्य रेखाएं देखते हैं। जीवन रेखा कहीं मोटी, कहीं पतली है और ठीक से गोलाकार नहीं है। मस्तिष्क रेखा छोटी है। ये दोनों लक्षण संघर्ष और धन के अभाव के हैं। फिर भी 32 के उपरांत कुछ सुधार है, क्योंकि उस आयु में दो शनि रेखाएं हैं। एक चंद्र पर्वत से निकली हुई मुख्य शनि रेखा, जो उस व्यक्ति को कोई भी गलत कार्य करने से रोकती है, दूसरी जीवन रेखा से शाखा के रूप में निकली हुई शनि रेखा। ये दोनों रेखाएं 42 वर्ष तक समानांतर चली हैं। अतः इसके संघर्षमय जीवन में 32 से 42 वर्ष का समय अच्छा है।

42 से 50 का समय संघर्ष और उपलब्धि, दोनों से भरा है, क्योंकि शनि रेखा की एक समानांतर कुठार रेखा उस आयु में मिलकर एक द्वीप का निर्माण करती है, जो संघर्ष बताती है। इस मस्तिष्क रेखा से सूर्य पर्वत की दिशा में एक रेखा बढ़ती है, जो संघर्ष के उपरांत सफलता देती है।

50 के उपरांत शनि रेखा स्पष्ट है और उंगलियों के आधार पर खड़ी रेखाएं हैं, इसलिए बुढ़ापे में आर्थिक कष्ट नहीं रहेंगे।

हृदय रेखा दूषित है किंतु उसे सहारा देने के लिए स्पष्ट शुक्र वलय है। स्पष्ट शुक्र वलय हृदय रेखा के लिए समानांतर रेखा का कार्य करता है। अतः हृदय और स्वास्थ्य ठीक रहता है।

संतान और आयु देखते हैं। अंगूठे के आधार के निकट शुक्र पर्वत पर दो स्पष्ट रेखाएं हैं, जो दो संतानों का पूर्ण सुख बताती हैं। अति विकसित शुक्र पर्वत तथा हृदय रेखा का अंत में शाखायुक्त होना, इसका अनुमोदन करता है।

दाएं हाथ में जीवन रेखा में 60 से 65 के मध्य एक द्वीप है, जो इस आयु में स्वास्थ्य की हानि बताता है। अभी से स्वास्थ्य का ध्यान रखने से बचाव होगा। इन्हें जीवन-शक्तिवर्द्धक उंगली मुद्रा का अभ्यास करना चाहिए और कामभाव पर नियंत्रण रखना चाहिए। उपाय बरतने से 75 वर्ष तक सुखपूर्वक आयु का भोग करेंगे।

**हैंड प्रिंट 2-ए दायां हाथ**

दोनों हाथ की जीवन रेखा छोटी है, किंतु जब यह व्यक्ति मेरे पास आया था, उसकी आयु 67 वर्ष थी।

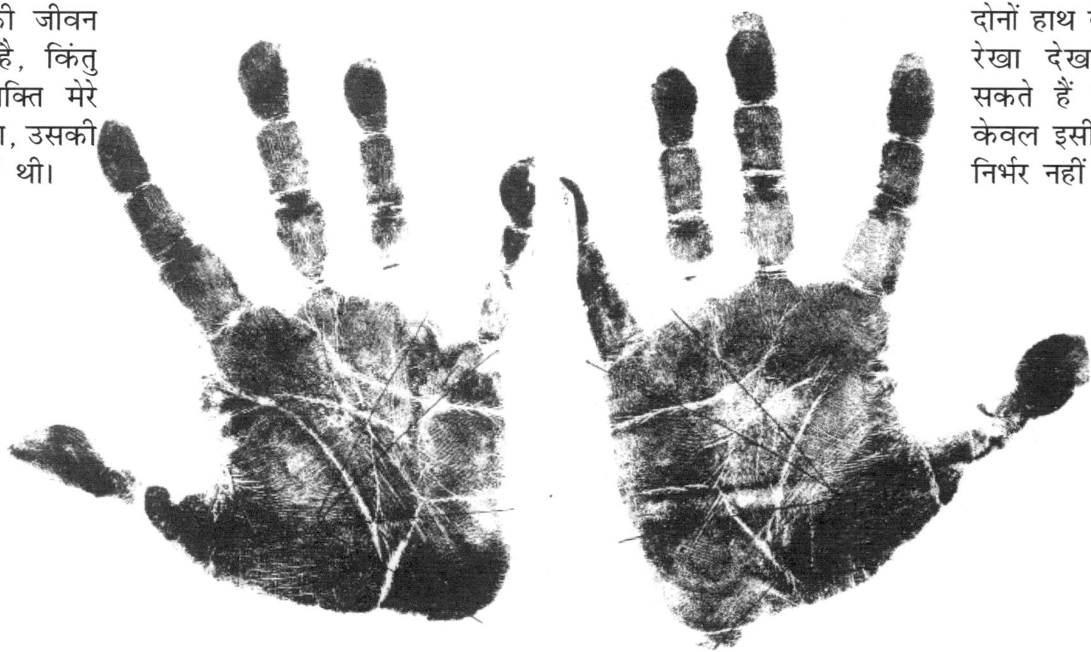

**हैंड प्रिंट 2-बी बायां हाथ**

दोनों हाथ की जीवन रेखा देखकर कह सकते हैं कि आयु केवल इसी रेखा पर निर्भर नहीं है।

# हैंड प्रिंट - 2-ए, बी का फलादेश

यह हाथ 67 वर्षीय एक प्रसिद्ध चिकित्सक का है। सक्रिय हाथ दायां है।

हाथ चौड़ा और भारी है। अंगूठे का पहला पर्व छोटा है। कनिष्ठिका, निम्न स्थिति में और छोटी है। बुध पर्वत दबा हुआ है, अन्य पर्वत सामान्य हैं। अंगूठे के दो पोरों के मध्य एक अधूरी रेखा है। अंगूठे के आधार पर जंजीराकार रेखा है। बाएं हाथ की तुलना में दाएं हाथ की रेखाएं अच्छी हैं। अतः व्यक्ति ने अपने प्रयासों से भाग्य सुधारा है। इस हाथ के अशुभ लक्षणों का प्रभाव इसलिए घटता है कि हाथ भारी है। इस तथ्य को दृष्टि में रखकर हाथ का पठन करते हैं।

जीवन रेखा मोटी और अधूरी है। अंगूठे के दो पोरों के मध्य अधूरी रेखा है। ये दोनों लक्षण बताते हैं कि पारिवारिक झंझट बहुत हैं। झंझटों का कारण जानने के लिए अन्य लक्षण देखते हैं–

मंगल रेखा बिलकुल नहीं है। अतः व्यक्ति किसी से भावनात्मक लगाव नहीं रखता और किसी से सहयोग का आकांक्षी भी नहीं है। हृदय रेखा मोटी है और टुकड़ों में बंटी है। मध्यमा के आधार से आरंभ हुई है। अतः कामभाव की पूर्ति के लिए भी अपने सुख की इच्छा है और गड्ढे भावनात्मक झटकों के कारण स्वास्थ्य की हानि बताते हैं।

दाएं हाथ में अनेक शनि रेखाएं हैं। पहली शनि रेखा, बुध रेखा से 21 वर्ष की आयु से आरंभ होकर टूटी-फूटी दशा में 28 वर्ष की आयु में जीवन रेखा से मिलती है। पहली नजर में यह जीवन रेखा की एक अधोमुखी शाखा जैसी दिखाई देती है। 28 वर्ष की आयु में एक स्पष्ट शनि रेखा, जीवन रेखा से मिलती है। 21 वर्ष की आयु में इस व्यक्ति का विवाह हुआ है, जो सफल नहीं है। 28 वर्ष की आयु में उसकी मेडीकल प्रेक्टिस चली है।

एक अन्य शनि रेखा धुंधली-सी चंद्र पर्वत से 27 वर्ष की आयु में निकलती है, जो 36 वर्ष में पूर्व शनि रेखा में (जो जीवन रेखा से निकली है) मिलती है। यह उसका प्रेम-विवाह है, जो आरंभ में लुके-छुपे चला है, 36 की आयु में प्रकट हुआ है और प्रेमिका बिना विवाह के उसी घर में रहने लगी है। इस सारे प्रसंग में उसे बदनामी मिली है। उसकी पुष्टि देखें कि दोनों हाथों की सूर्य रेखा टुकड़ों में बनी है और अनेक स्थानों पर आड़ी रेखाओं से कटी है, अर्थात् आर्थिक लाभ के साथ बदनामी।

बाएं हाथ की सूर्य रेखा अत्यंत विलक्षण है। पहली नजर में लगता है कि मस्तिष्क रेखा की एक शाखा चंद्र पर्वत की ओर झुकी हुई फुंदना बना रही है। गहरी नजर से देखने पर ज्ञात होता है कि यह सूर्य रेखा है और सीढ़ीनुमा चंद्र के क्षेत्र से निकली है तथा 35 वर्ष की आयु में सुधर जाती है, अर्थात् समाज ने दूसरा प्रेम संबंध स्वीकार कर लिया है।

छोटी कनिष्ठिका निम्न स्थिति में, अविकसित बुध पर्वत, यह लक्षण बताते हैं कि यह व्यक्ति सरल है। पहल उसकी ओर से नहीं, बल्कि प्रेमिका की ओर से हुई है, जिसे वह निभा रहा है, जिससे परिवार, संतान, पत्नी सभी ओर से विरोध के कारण पारिवारिक जीवन बिखर गया है।

हाथ भारी है। बुध के अतिरिक्त अन्य सभी पर्वत सामान्य विकसित हैं और दाएं हाथ के मध्य में मछली का चिह्न है, जो बुध रेखा, जीवन रेखा और दो शनि रेखाओं के योग से बना है। जीवन रेखा गोल है। इस कारण से व्यक्ति की आर्थिक स्थिति ठीक है।

हृदय रेखा के ऊपरी भाग पर शनि रेखा और सूर्य रेखा पतली एवं स्पष्ट है। इससे जीवन रेखा के छोटे होने का दोष दूर हो जाता है। बुढ़ापा सुख से कटने वाला है। फिर भी जीवन रेखा का दोनों हाथों में 60 वर्ष की आयु में समाप्त होने का एक अर्थ है- इस आयु में पारिवारिक संकट है। उसके कथनानुसार पूर्व पत्नी की संतानें हैं, जिससे कलह उत्पन्न होता है। इस आयु में हृदय रोग की आशंका है, क्योंकि हृदय रेखा में गड्ढा है। चंद्र पर्वत पर आड़ी रेखा शरीर के मध्य भाग, पेट गैस की तकलीफ बताती है।

चंद्र पर्वत पर से एक टूटी-फूटी अंतर्दृष्टि रेखा निकलती है, जो

हृदय रेखा पर समाप्त होती है। यह मात्र कल्पनाशक्ति की तीव्रता बताती है। मोटी बुध रेखा, शुक्र पर्वत की ओर से दोनों हाथों में जीवन रेखा को बिना छुए 30 वर्ष तक आती है। यह जीवन रेखा की शत्रु होने की बजाय उसकी पूरक का काम देती है, अर्थात् अधूरी जीवन रेखा की अधूरी गोलाई को पूरा करती है। इस दृष्टि से आयु लंबी है।

सूर्य रेखा और शनि रेखा का उंगलियों के आधार पर जाना भी लंबी आयु का अनुमोदन है।

अंगूठे के आधार में जंजीराकार रेखा, हृदय रेखा के अंत में शाखाएं तथा अंगूठे के आधार के निकट शुक्र पर्वत पर दो रेखाएं, दो संतानें बताती हैं, किंतु वे हल्की हैं, इसलिए सुख की आशा नहीं है।

इन्हें हृदय-शक्तिवर्द्धक उंगली मुद्रा का अभ्यास करना चाहिए और पन्ना धारण करना चाहिए, इससे अशुभ का निवारण होगा।

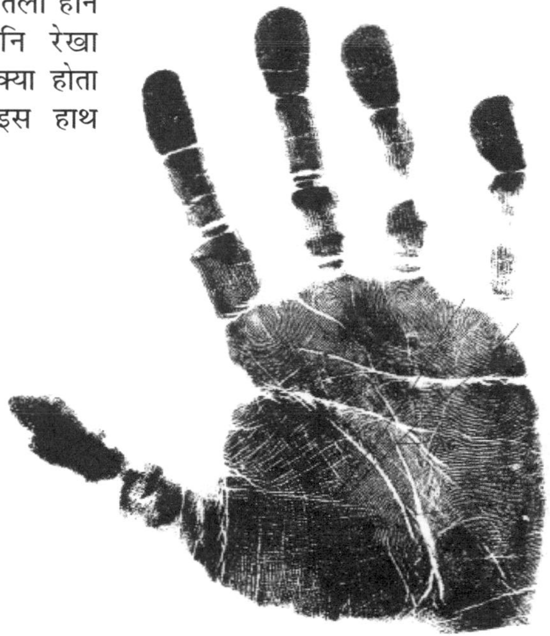

**हैंड प्रिंट-3-ए.**
**दायां हाथ**
मोटी से पतली होने वाली शनि रेखा का रूप क्या होता है, यह इस हाथ में देखें।

**हैंड प्रिंट 3-बी.**
**बायां हाथ**
क्या यह जीवन रेखा अधूरी और शनि रेखा आरंभ में शाखायुक्त है?

# हैंड प्रिंट - 3-ए, बी का फलादेश

यह 28 वर्ष के युवक का हाथ है और भारी है। अंगूठा बड़ा है, अंगूठे का दूसरा पर्व बड़ा है और उसके दोनों पोरों के मध्य स्पष्ट द्वीप है। अंगूठे के आधार पर स्पष्ट द्वीपमाला है। चंद्र पर्वत को छोड़कर सभी पर्वत विकसित हैं। उंगलियां गठीली हैं। मध्यमा अनामिका की ओर झुक रही है और अनामिका मध्यमा की ओर। कामभाव की रेखा अधोमुखी है। सक्रिय हाथ दायां है।

हाथ भारी और चौड़ा है। ऐसा व्यक्ति कर्मठ और भाग्यशाली होता है। मध्यमा का अनामिका की ओर झुकना और अनामिका का मध्यमा की ओर झुकना ढुलमुल व्यक्तित्व बताता है। इस दोष की पूर्ति लंबा अंगूठा करता है। बड़ा अंगूठा अच्छी सूझबूझ बताता है। अंगूठे का दूसरा पोर बड़ा होना कर्मठता के साथ विचारशक्ति की मात्रा बताता है। दाएं हाथ की रेखाएं बाएं से अच्छी हैं। अतः प्रवृत्ति शुभ की ओर है।

इस हाथ में चैलेंज करने वाला तत्त्व यह है कि दोनों हाथों पर पहली नजर डालने से लगता है कि जीवन रेखा छोटी है और मुख्य शनि रेखा आरंभ में दो शाखायुक्त है।

आरंभ में दो शाखायुक्त शनि रेखा का अर्थ है बचपन में अभावग्रस्त जीवन या माता-पिता के सुख से वंचित किंतु मैं इस व्यक्ति को बचपन से जानता हूं, इसलिए हाथ को देखकर चकित हुआ कि यह बात उसके बीते जीवन के अनुसार ठीक नहीं है। अतः मैंने गौर से देखा तो मुझे अपनी भूल ज्ञात हो गई।

वास्तव में इसकी शनि रेखा आरंभ में जीवन रेखा से मिली है, जिसे हम पहली नजर में शनि रेखा की शुक्र पर्वत की ओर मुड़ने वाली शाखा समझे हैं, वह वास्तव में जीवन रेखा का अंतिम भाग है, जो शुक्र पर्वत का घेरा पूरा करता है और शनि रेखा का 21 से 28 तक का भाग जीवन रेखा की एक शाखा द्वारा जीवन रेखा से जुड़ा हुआ है।

28 की आयु में शनि रेखा एक शाखा द्वारा जीवन रेखा से जुड़ी है, तत्पश्चात् जीवन रेखा से मुक्त होकर शनि पर्वत की ओर बढ़ती है। इसका अर्थ है कि 21 वर्ष तक व्यक्ति का जीवन स्वेच्छाचारी था, तत्पश्चात् 28 वर्ष तक पारिवारिक दबाव में रहा है। 28 वर्ष के उपरांत इसका आत्मविश्वास लौटता है, किंतु शनि रेखा के मोटी होने के कारण पूरी तरह वह सफल नहीं हो पाता। सफलता का समय 32 वर्ष से आरंभ होता है, जिस समय एक अन्य शनि रेखा रक्षात्मक मंगल से निकलकर शनि की ओर बढ़ती है। यह दूसरी शनि रेखा मस्तिष्क रेखा तक मोटी है। मस्तिष्क रेखा को 35 वर्ष की आयु में क्रॉस करने के उपरांत यह रेखा पतली होती है और पहले की शनि रेखा 35 वर्ष की आयु में मस्तिष्क रेखा पर समाप्त होती है। इन दोनों शनि रेखाओं का फल यह है कि 32 वर्ष की आयु में व्यक्ति किसी बाहरी व्यक्ति के सहयोग या साझे से व्यापार करेगा और 34 वर्ष तक पुराने पारिवारिक कार्य को भी जारी रखेगा, 35 के उपरांत, बाद वाला कार्य जारी रहेगा, पारिवारिक कार्य से अलग हो जाएगा।

रक्षात्मक मंगल से निकली शनि रेखा हृदय रेखा के उपरांत तर्जनी की ओर मुड़ जाती है और अतिरिक्त भाग्य रेखा में मिल जाती है। इससे ज्ञात होता है कि 50 वर्ष के उपरांत व्यक्ति की आकांक्षा धन के प्रति कम होकर सम्मान और यश की ओर होगी तथा वह पूरी होगी, क्योंकि हृदय रेखा के उपरांत एक खड़ी रेखा अनामिका और मध्यमा के आधार के मध्य तक पहुंच रही है। यह धन और सफलता, दोनों का समन्वय बताती है।

धन की कमी नहीं होगी, क्योंकि हाथ भारी है और अंगूठे के दो पोरों के मध्य द्वीप है तथा जीवन रेखा गोल है।

अब अन्य रेखाएं देखते हैं। जीवन रेखा की शाखा गुरु पर्वत तक गई है, जो महत्त्वाकांक्षा और पैतृक धन की प्राप्ति बताती है। जीवन रेखा का जो अंश शनि रेखा के साथ संयुक्त रूप से है, इसका अर्थ जीवन रेखा के आयु संबंधी नियम के अनुसार देखते हैं। साथ ही इसका मंगल रेखा से संबंध भी देखते हैं। मंगल रेखा 35 से 55 के मध्य आयु में लुप्त है और कामभाव की रेखाएं हृदय रेखा की ओर झुकती हैं। पुनः यही मंगल रेखा 55 से आरंभ होती है और 75 की आयु तक जीवन रेखा को सहारा देती है। इसका अर्थ है कि 35 से 55 के मध्य दांपत्य जीवन में मनमुटाव होगा, तत्पश्चात् सुलह होगी और जीवन 75 वर्ष से अधिक चलेगा।

मनमुटाव की बात अभी से कहना हमने अच्छा नहीं समझा, व्यक्ति को इतना ही कहा है कि 35 से 55 की आयु में पारिवारिक परेशानियां आएंगी, जो कुछ समय बाद ठीक हो जाएंगी। अधोमुखी कामभाव की रेखा और मध्य में गायब मंगल रेखा का अर्थ पत्नी की अल्प आयु भी है और पत्नी का अस्वास्थ्य भी। मंगल रेखा का कुछ समय बाद प्रकट होना, दूसरा विवाह भी है किंतु ऐसी भविष्यवाणी करना अशुभ है।

मस्तिष्क रेखा हथेली के मध्य तक स्पष्ट है, तत्पश्चात् अस्पष्ट-सी रक्षात्मक मंगल की ओर गई है। व्यक्ति की प्रवृत्ति को देखते हुए हम कह सकते हैं कि बाद की भी स्पष्ट हो जाएगी। प्रवृत्ति ज्ञात करने का उपाय यह है कि बाएं हाथ से दाएं हाथ की रेखाएं अच्छी हैं। मस्तिष्क रेखा उत्तम मस्तिष्क और अच्छी धन-संपत्ति बताती है।

चंद्र पर्वत पर क्रॉस मानसिक बेचैनी और पेट की तकलीफ बताता है। चंद्र पर्वत के निचले भाग के हथेली के किनारे आकर कलाई के मध्य भाग तक पहुंचने वाली यह रेखा यात्रा की इच्छा बताती है। इस इच्छापूर्ति का समय 35 वर्ष के उपरांत है, जबसे शनि रेखा पतली होती है।

हृदय रेखा आरंभ में पतली है और गुरु पर्वत के नीचे से आरंभ होती है, यह सहृदय व्यक्ति का लक्षण है। उसका अगला भाग द्वीपयुक्त और मोटा, इसका अनुमोदन जीवन रेखा की 35 से 55 की आयु में देखें, पत्नी से मनमुटाव। इन्हें हृदय-शक्तिवर्द्धक उंगली मुद्रा का नियमित अभ्यास करके इस दोष का निवारण करना चाहिए।

हृदय रेखा की शाखाएं मस्तिष्क रेखा को जाती हैं, जो मस्तिष्क का अधिक आकर्षण बताती हैं, अर्थात् व्यक्ति का झुकाव व्यावहारिक है और हृदय रेखा के ऊपर शनि रेखा तथा गुरु के मध्य एक समानांतर रेखा के टुकड़े धन और सम्मान की दृष्टि से शुभ हैं। समय 32 वर्ष के उपरांत है।

हृदय रेखा के अंत में फुंदना, अंगूठे के आधार पर तीन स्पष्ट द्वीपों का मतलब तीन नर संतानें बताता है, जिनमें से दो हो चुकी हैं, तीसरी की क्षमता है, न होने दें, यह अलग बात है।

सारांश यह है कि यह हाथ निरंतर उन्नति करने की ओर बढ़ते हुए व्यक्ति का है। 35 से 55 के मध्य कुछ समय के लिए दांपत्य कठिनाई हो सकती है, जो अंततः सुधरेगी और हृदय-शक्तिवर्द्धक उंगली मुद्रा का अभ्यास करने से 75 वर्ष तक स्वस्थ रहेंगे।

**हैंड प्रिंट**

**4-ए. दायां हाथ**

दाएं और बाएं हाथ में कितना अंतर है?

**हैंड प्रिंट**

**4-बी. बायां हाथ**

इस हाथ में द्वीपों को ढूंढिए और गिनिए?

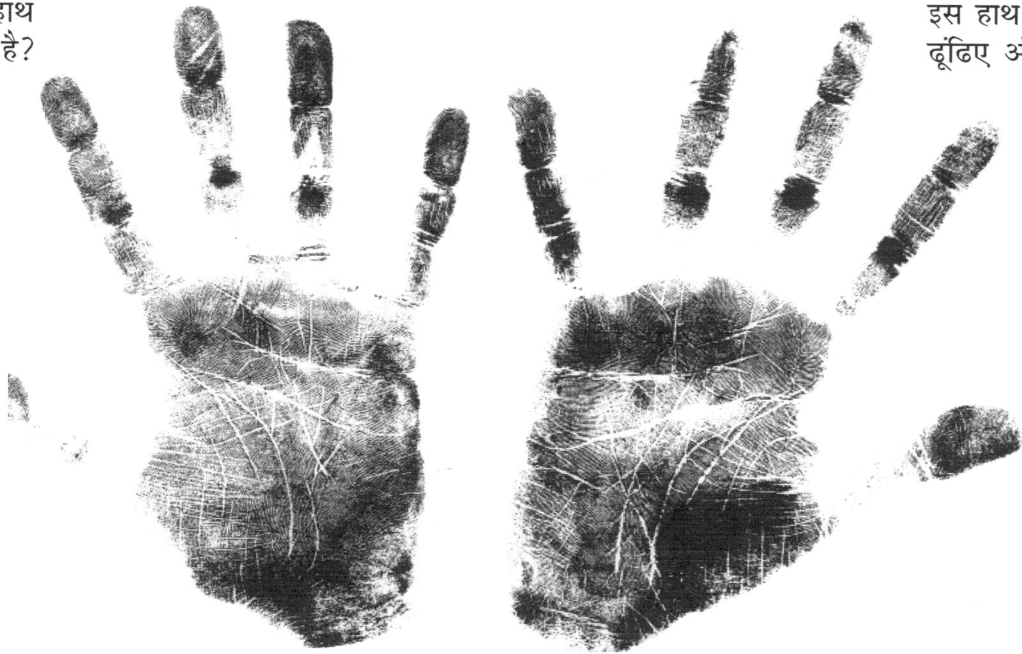

# हैंड प्रिंट - 4-ए, बी का फलादेश

यह 25 वर्षीय लड़की का हाथ है। सक्रिय हाथ दायां है। मुख्य प्रश्न है, विवाह कब होगा?

हथेली लंबी है, अंगूठे का दूसरा पर्व बड़ा है। दोनों पोरों के मध्य टूटा हुआ द्वीप है। अंगूठे के आधार की रेखा में डेढ़ द्वीप है। कनिष्ठिका निम्न स्थिति में है, किंतु आकार बड़ा है। गुरु तथा बुध पर्वत विशेष विकसित हैं। आक्रामक मंगल अविकसित है, शेष पर्वत सामान्य हैं।

लंबी हथेली तथा अंगूठे का दूसरा पर्व बड़ा है। ये दोनों लक्षण संकल्पशक्ति को निर्बल करते हैं और मानसिक सक्रियता बढ़ाते हैं। लंबी कनिष्ठिका और विकसित बुध पर्वत चतुरता बताते हैं, साथ ही गुरु पर्वत का विकास चतुरता में कुछ आदर्श का भाव भी भरता है, जिससे कुमार्ग की ओर जाने से बचाव होता है।

बाएं हाथ में अनेक अशुभ लक्षण हैं। यथा मस्तिष्क रेखा के आरंभ में द्वीप, मस्तिष्क रेखा और जीवन रेखा के मध्य द्वीप। जीवन रेखा और मंगल रेखा के संयोग से द्वीप। बुध रेखा के आरंभ, जीवन रेखा के अंत और प्रभाव रेखा के संयोग से द्वीप। मस्तिष्क रेखा के अंत में द्वीप।

बाएं हाथ की अपेक्षा दाएं हाथ की रेखाएं अच्छी हैं, अतः प्रवृत्ति शुभ की ओर है। बाएं हाथ के द्वीपों का प्रभाव आधा है। बाएं हाथ की जीवन रेखा और मंगल रेखा के मध्य अंतिम द्वीप 28 वर्ष तक है।

दाएं हाथ की जीवन रेखा में 21 वर्ष तक द्वीप है। 21 के उपरांत कुछ परेशानी घटने के संकेत हैं, किंतु 28 वर्ष तक बाएं हाथ के द्वीप का प्रभाव रहेगा। इसका दोष घटाने के लिए उपाय करना होगा। लड़की आस्तिक स्वभाव की है। शिव-पार्वती की उपासना करने तथा सोमवार तथा नवरात्रि में उपवास करते रहने से मानसिक शांति मिलेगी और अशुभ का निवारण होगा।

अब दाएं हाथ के अन्य लक्षणों को देखते हैं। शनि रेखा 20 वर्ष की आयु में उदित हुई है। इस आयु में लड़की ने पढ़ाई जारी रखते हुए पार्ट-टाइम कार्य शुरू किया। कारण, जिस प्रकार के परिवार में है, उसमें नौकरी लगी हुई लड़की के लिए रिश्ता आसानी से मिलता है।

जीवन रेखा से एक प्रभाव रेखा निकलकर शनि रेखा में 26 वर्ष की आयु में मिली है। अतः 26 वर्ष में विवाह का संयोग हो सकता है। यह शनि रेखा 29 वर्ष में समाप्त हो जाती है, किंतु इससे पहले एक प्रभाव रेखा 28 वर्ष की आयु में निकलकर बुध पर्वत की ओर जाती है। मार्ग में एक अन्य शनि रेखा के निकट पहुंचकर एक त्रि. कोण का निर्माण करके आगे दो शाखायुक्त होकर यह प्रभाव रेखा समाप्त हो गई है। यह अन्य शनि रेखा 29 वर्ष की आयु में रक्षात्मक मंगल के निकट से उदित होती है। बुध पर्वत की ओर जाने वाली प्रभाव रेखा का शनि रेखा में त्रिकोण बनने का समय अर्थात् 29 वर्ष में निश्चित विवाह की सूचना देता है, किंतु उपाय बरतने से 26 वर्ष की आयु में विवाह हो सकता है।

दूसरी शनि रेखा से एक शाखा 34 वर्ष में सूर्य की ओर जाती है, जो निश्चित सफलता या उपलब्धि का लक्षण है। एक अन्य शनि रेखा 35 वर्ष की आयु में जीवन रेखा से निकली है, जो मस्तिष्क रेखा पर समाप्त होती है। जीवन रेखा की शनि रेखा एक सीमित उपलब्धि बताती है, किंतु दूसरी शनि रेखा जो रक्षात्मक मंगल से निकली है, वह काफी आगे तक जाती है और ज्यों-ज्यों आगे बढ़ती है, त्यों-त्यों उसके साथ सहायक रेखा का संयोग मिलता है। हृदय रेखा के ऊपर दो स्पष्ट सूर्य रेखाएं हैं। यह 50 वर्ष की आयु में सफलता और यश देने वाली हैं, अर्थात् 29 वर्ष के उपरांत उपलब्धियों का और सफलता का युग आरंभ हो जाता है।

आक्रामक मंगल की ओर से प्रभाव रेखा ऊर्ध्व रेखाओं को काटती है, किंतु ये रेखाएं बाधा के साथ वर्ग भी बना रही हैं, इसलिए बाधाओं का निवारण साथ-साथ होते जाना है। अतः सभी उपलब्धियां संघर्ष के बाद प्राप्त होंगी।

दाएं हाथ की मस्तिष्क रेखा 21 वर्ष तक दूषित है। आगे मस्तिष्क रेखा स्पष्ट तथा सीधी लंबी रक्षात्मक मंगल को गई है, जो व्यावहारिक बुद्धि बताती है। आक्रामक मंगल की प्रभाव रेखा मस्तिष्क रेखा को

काटती है, किंतु वह वर्ग और त्रिकोण भी बनाती है, अतः परेशानी पैदा करती हैं, किंतु अनिष्ट नहीं।

हृदय रेखा आरंभ में शाखायुक्त है और कुछ शाखाएं मस्तिष्क रेखा की ओर जा रही हैं, किंतु मस्तिष्क रेखा को छूती नहीं है। अतः भावपक्ष प्रबल है और उसकी दिशा मस्तिष्क की ओर है, जो व्यक्ति को व्यावहारिक बनाती है। हृदय रेखा के द्वीप भावनात्मक आघात बताते हैं। इसके लिए हृदय-शक्तिवर्द्धक उंगली मुद्रा का अभ्यास करना चाहिए। हृदय रेखा के ऊपर छोटा-सा समानांतर टुकड़ा हृदय रेखा को बल देने वाला है, जो भावनात्मक आघात से रक्षा करता है और यह समानांतर टुकड़ा धन की दृष्टि से अच्छा है। धन-संपत्ति के पाने का समय 34-35 वर्ष है, क्योंकि उसी आयु में सूर्य रेखा, शनि रेखा से निकली है।

मंगल रेखा 36 वर्ष की आयु में धूमिल हो रही है। यह उस आयु में दांपत्य उलझन बताती है। मंगल की अन्य समानांतर रेखा उसे सहारा देती है, वह परिवार के अन्य सहायक का संकेत है। इसी आयु में शनि रेखा से सूर्य रेखा की शाखा निकलती है, अतः इस मंगल रेखा के दोष का निवारण होगा।

अंगूठे के आधार पर शुक्र पर्वत पर तीन खड़ी रेखाएं तथा अंगूठे के आधार पर डेढ़ द्वीप की माला का अर्थ है कि तीन संतानों का योग है, जिनमें एक लड़का और एक लड़की अंत तक सहारा देंगे।

सारांश यह है कि कष्ट के समय का समापन 26 वर्ष से होने लगेगा। तत्पश्चात् निरंतर प्रगति और सुख-सुविधाएं बढ़ने लगेंगी। 35 वर्ष के उपरांत प्रगति की गति और भी तेज होगी, 50 के उपरांत समस्त इच्छाएं पूर्ण होंगी।

दाएं हाथ की जीवन रेखा 70 वर्ष तक जारी है। ऊर्ध्वमुखी रेखाएं शनि तथा सूर्य पर्वत तक पहुंचती हैं। अतः 75 वर्ष की आयु पाएगी। उपाय बरतने से 29 वर्ष के शुभ फल पहले भी प्राप्त हो सकते हैं।

**हैंड प्रिंट**

**5-ए. दायां हाथ**

दोनों हाथ की जीवन रेखा से निकली ऊर्ध्वमुखी शाखाएं गिनिए।

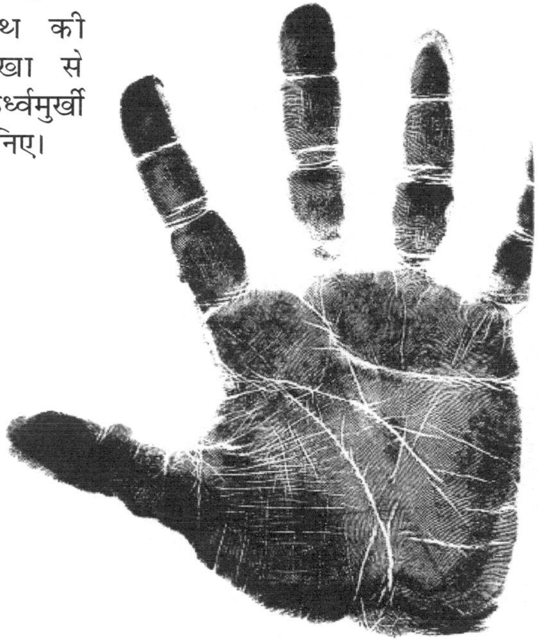

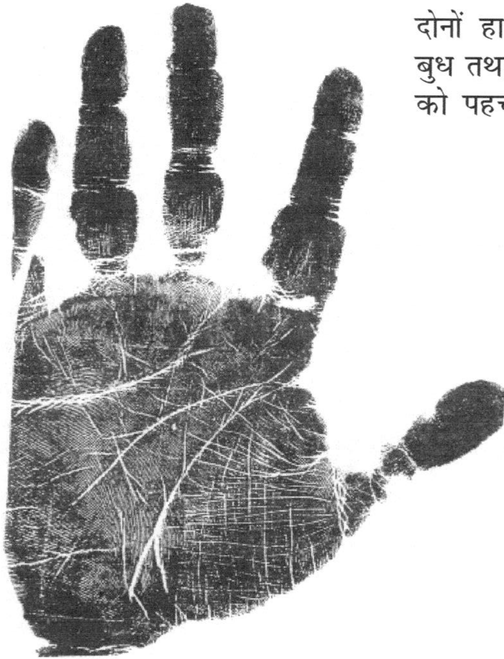

**हैंड प्रिंट**

**5-बी. बायां हाथ**

दोनों हाथ की शनि, बुध तथा सूर्य रेखाओं को पहचानिए।

# हैंड प्रिंट - 5-ए, बी का फलादेश

यह हाथ 17 वर्षीय एक किशोर का है। इस आयु में व्यक्ति के सामने प्रश्न-ही-प्रश्न होते हैं। अतः सभी प्रश्नों का उत्तर देने का प्रयत्न करते हैं।

सक्रिय हाथ दायां है। हाथ चौड़ा और भारी है। नाखून पर खड़ी धारियां हैं, अंगूठा छोटा है, अंगूठे के दो पोरों के मध्य अधूरा द्वीप है। अंगूठे के आधार पर जंजीराकार रेखा है। शुक्र पर्वत अति विकसित है। फिंगर प्रिंट्स में 6 चक्र, 2 डबल लूप, एक बंद लूप और एक लूप। गुरु अविकसित है। अन्य पर्वत सामान्य विकसित हैं। दाएं हाथ में कामभाव की दो लंबी अधोमुखी रेखाएं हैं। बाएं हाथ में दो रेखा, ऊपर की बड़ी अधोमुखी और नीचे की छोटी, सीधी।

फिंगर प्रिंट्स में दो डबल लूप तथा अंगूठे का दूसरा पर्व बड़ा, ये लक्षण एक दुविधाग्रस्त व्यक्ति का चित्र उपस्थित करते हैं। छोटा अंगूठा सूझबूझ की कमी और 6 चक्र अपनी मनवाने का स्वभाव, इन लक्षणों को ध्यान में रखकर हस्तरेखाओं पर नजर डालते हैं।

बुध रेखा, शनि रेखा, मस्तिष्क रेखा अनेक-अनेक व्यवधानों के बाद अपनी दिशा को गई हैं, जो उतार-चढ़ाव और अनिश्चय बताती हैं। जीवन रेखा की बहुत-सी ऊर्ध्वमुखी शाखाएं अनेक क्षेत्र के प्रयत्न बताती हैं। साथ ही किसी भी विषय में एकाग्रता न होना भी बताती हैं। सारे लक्षण एक अनिश्चित स्वभाव के व्यक्ति का चित्र उपस्थित करते हैं। इस आयु में नाखूनों पर खड़ी धाारियां बहुत कम दिखाई देती हैं, जो तनाव का संकेत है।

अब उसका वातावरण, जो उसने खुद बताया है कि उसका बहुत बड़ा पैतृक व्यवसाय है, जो इस प्रतीक्षा में है कि उसकी शिक्षा पूरी हो तो व्यवसाय में प्रवेश करे, किंतु लड़के का सपना कुछ और करने का है, क्या करना है, यह भी स्पष्ट ही है।

सक्रिय हाथ दायां है, इसलिए दाएं हाथ को प्रमुखता देते हैं।

जीवन रेखा गोल है, हाथ भारी है। ये दोनों लक्षण अशुभ रेखाओं का प्रभाव भी शुभ बना देते हैं। जीवन रेखा अंत में दो शाखायुक्त, एक शाखा चंद्र पर्वत को गई है, यह विदेश यात्रा का योग बताती है। यात्रा का समय सूर्य रेखा के उदित होने का समय है।

सूर्य रेखा का पहला अंश जीवन रेखा से एक शाखा के रूप में उदित होता है। पहली नजर में यह बुध रेखा प्रतीत होती है, किंतु वास्तव में यह सूर्य रेखा है। इस रेखा के उदय का समय 25 वर्ष का है। यह उसके विवाह का समय है। यह सूर्य रेखा तनिक बुध की दिशा में बढ़कर 29 वर्ष में रुकती है। सूर्य रेखा का अन्य टुकड़ा 30 से आरंभ होता है। यह मध्य का एक वर्ष का समय अत्यंत दुविधा का है। दुविधा का कारण, वह पैतृक व्यवसाय में प्रवेश करे या अपना मार्ग खुद चुने। इस दुविधा के निवारण के लिए उसे उपाय करना चाहिए। उपाय यह है कि अविकसित गुरु पर्वत को बल देने कर्ा लए पुखराज धारण करना चाहिए। इससे सद्बुद्धि आएगी और दोष का निवारण होगा।

30 से उपलब्धियों का समय आरंभ होता है, क्योंकि इस आयु में जीवन रेखा से ऊर्ध्वमुखी शाखाएं निरंतर निकली हैं। सूर्य रेखा की समानांतर बुध रेखा 32 वर्ष में उदित होती है। 33 में बुध रेखा का एक भाग समाप्त होकर, नया भाग आरंभ हो रहा है, जो व्यवसाय में परिवर्तन बताता है। इस आयु में सूर्य रेखा लुप्त है, जो सफलता को रोकती है। 36 वर्ष में मस्तिष्क रेखा से नई शनि रेखा निकल रही है, जो बुध रेखा की सहायता कर रही है, जो यश की बजाय धन की ओर प्रवृत्ति बताती है। यह शनि रेखा हृदय रेखा के साथ ही मिलकर शनि पर्वत के ऊपरी छोर तक जाती है, जो धन की दृष्टि से अच्छी है, परमार्थ की दृष्टि से अच्छी नहीं है। हृदय रेखा के उपरांत सूर्य रेखा अत्यंत स्पष्ट है, अर्थात् जितनी दुविधाएं हैं, वे 35 वर्ष के उपरांत नहीं रहेंगी और 50 वर्ष के उपरांत समस्त इच्छाएं पूर्ण होंगी। धन और यश प्राप्त होगा, क्योंकि 50 के उपरांत बुध पर्वत पर दो समानांतर रेखाएं हैं।

मस्तिष्क रेखा अनेक शाखाओं से युक्त है। उसके कुछ टुकड़े रक्षात्मक मंगल की ओर जा रहे हैं। कुछ चंद्र पर्वत की ओर जा रहे

हैं, किंतु मुख्य शाखा का रुख चंद्र पर्वत की ओर है। मस्तिष्क रेखा के अनेक टुकड़े भी दुविधा की स्थिति बताते हैं। यह समय हमने 29 और 30 के मध्य पहले बता दिया है।

हृदय रेखा बंटी हुई रस्सी की तरह है। यह बुरी हार्दिक स्थिति तथा भावनात्मक आघात बताती है। मंगल रेखा 34 के बाद अस्पष्ट है, इसी लक्षण के साथ अधोमुखी कामभाव की रेखा का अर्थ यह है कि 33 के उपरांत दांपत्य जीवन में खटपट या पत्नी का खराब स्वास्थ्य बता सकते हैं।

अति विकसित शुक्र पर्वत और अंगूठे के आधार पर शुक्र पर्वत पर दो स्पष्ट संतान रेखाएं दो संतानों का सुख बताती हैं।

जीवन रेखा लंबी है। ऊर्ध्वमुखी रेखाएं उंगलियों के आधार तक गई हैं, अतः आयु 80 वर्ष तक कह सकते हैं।

चंद्र पर्वत की आड़ी रेखाएं तथा दूषित हृदय रेखा के कारण स्वास्थ्य में बाधा आ सकती है, किंत इस आयु में स्वास्थ्य की परवाह कौन करता है, इन दिनों आंखों में सपने होते हैं, सपनों में रंग होते हैं। भारी हाथ शुभता की रक्षा करता है। 29 से 30 के मध्य दुविधा के समय में इन्हें उपाय बरतने से सुधि आएगी। अभी पुखराज धारण करना पर्याप्त है।

**हैंड प्रिंट**
**6-ए. दायां हाथ**
दोनों हाथों में हृदय रेखा ही नहीं है।

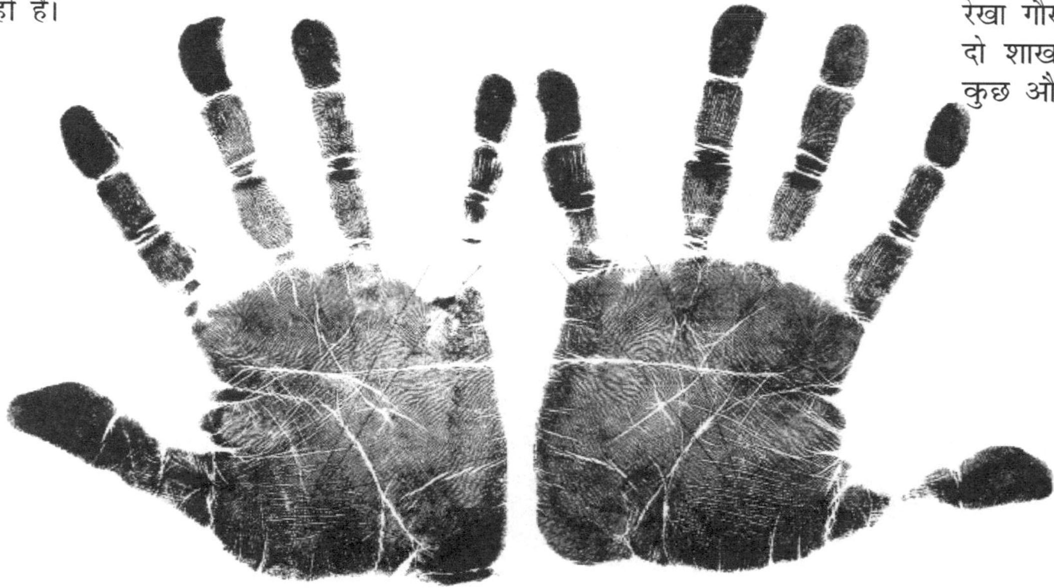

**हैंड प्रिंट**
**6-बी. बायां हाथ**
दोनों हाथों में जीवन रेखा गौर से देखें, ये दो शाखायुक्त है या कुछ और।

# हैंड प्रिंट - 6-ए, बी का फलादेश

यह 30 वर्षीय एक युवक का हाथ है। सक्रिय हाथ दायां है।

हाथ ठोस है। नाखूनों का रंग सफेद है और उन पर खड़ी धारियां हैं।

फिंगर प्रिंट्स में दोनों अंगूठों पर डबल लूप हैं। शेष उंगलियों में 6 चक्र और 2 लूप हैं। नाखून मध्यम आकार के हैं, उन पर खड़ी धारियां हैं। अंगूठा सामान्य आकार का है। पहला पर्व छोटा और दूसरा बड़ा है। अंगूठे के दो पोरों के मध्य रेखा टूटी हुई है। आधार पर जंजीराकार रेखा है। आक्रामक मंगल अविकसित है। शेष पर्वत सामान्य विकसित हैं। दाएं हाथ में कामभाव की एक सीधी रेखा है। बाएं हाथ में दो शाखायुक्त रेखा है और उसका झुकाव नीचे की ओर है।

इस हाथ की विलक्षणता यह है कि इसमें हृदय और मस्तिष्क, इन दोनों रेखाओं की बजाय एक रेखा है। यदि यह एक रेखा दोनों रेखाओं के निश्चित स्थान के मध्य में होती, तो उसे हम एपवानरी रेखा कहते हैं, किंतु यह मस्तिष्क रेखा के निश्चित स्थान के निकट है, इसलिए यह मस्तिष्क रेखा है। दूसरे शब्दों में हम कह सकते हैं कि इस हाथ में हृदय रेखा गायब है। जिसका अर्थ है कि व्यक्ति भावुक नहीं है, बल्कि अपने हानि-लाभ का विचार करने वाला है।

दोनों अंगूठों में डबल लूप और अंगूठे का दूसरा पर्व बड़ा, यह दुविधाग्रस्त व्यक्ति का लक्षण है। उंगलियों में 6 चक्र हैं तथा मस्तिष्क रेखा और जीवन रेखा के उदय स्थान में फासला अधिक है। ये दोनों लक्षण अपनी मर्जी चलाने वाले व्यक्ति का चित्र उपस्थित करते हैं अर्थात् जो व्यक्ति स्वयं दुविधा में है, वह दूसरों पर अपना हुक्म चलाना चाहता है। यह प्रवृत्ति सफलता में बाधक है और रेखाओं के बिगड़ने का कारण है।

व्यक्ति के अपने कथनानुसार वह बी.कॉम. तक पढ़ा है। एक फर्म में काम करता है। एम.कॉम. करना चाहता है ताकि चार्टर्ड एकाउंटेंट बन सके, लेकिन हर वर्ष फेल हो जाता है, फिर जिद है कि पास करके रहेगा।

दूसरी इच्छा है कि इस नौकरी को छोड़कर व्यापार किया जाए।

हाथ दिखाकर पूछना चाहता था कि क्या उसे नौकरी छोड़नी चाहिए। उसके इस प्रश्न के उत्तर को दृष्टि में रखकर हस्तलक्षण देखते हैं और अन्य संभावित प्रश्नों का भी उत्तर तलाश करते हैं।

जीवन रेखा आरंभ में दो शाखायुक्त है और 21 वर्ष तक सीधी है। 42 वर्ष की आयु में जीवन रेखा से एक शाखा के रूप में शनि रेखा उदित हुई है। बाएं हाथ में जीवन रेखा आरंभ से गोल है। 21 वर्ष की आयु में एक शाखा गुरु पर्वत की दिशा में उठी है। ये दोनों रेखाएं मस्तिष्क रेखा पर समाप्त हुई हैं। इसका फल यह है कि 21 वर्ष तक के समय में परेशानियां रही हैं। 21 वर्ष के बाद से सुधार आया है।

दोनों हाथों में जीवन रेखा के भीतर से बुध रेखा शुरू हुई, जो 55 वर्ष में जीवन रेखा को काटकर आगे बढ़कर रुक जाती है। बाएं हाथ में बुध रेखा का यह स्वरूप भ्रम उत्पन्न करता है कि जीवन रेखा अंत में दो शाखायुक्त है। वास्तव में जीवन रेखा चंद्र पर्वत की ओर समाप्त होती है।

इस स्थिति के दो अर्थ हैं कि व्यक्ति का विदेश यात्रा का योग है। इस इच्छा के पूरा होने का समय 42 वर्ष के बाद है, क्योंकि उसी आयु में मस्तिष्क रेखा से सूर्य पर्वत की ओर प्रभाव रेखा जाती है और शनि रेखा उसी आयु में दोषमुक्त होती है किंतु चंद्र पर्वत पर पहुंचने वाली जीवन रेखा दो शाखायुक्त है। अतः यात्रा में परेशानी की आशंका है। इसलिए अभी से निवारण करना होगा।

इस योग का दूसरा अर्थ यह है कि बुध रेखा द्वारा जीवन रेखा को काटने का समय 50 और 55 के मध्य है। उस आयु में स्वास्थ्य संबंधी कठिनाई होगी। इन्हें अभी से जीवन-शक्तिवर्द्धक उंगली मुद्रा का अभ्यास करना चाहिए।

दाएं हाथ में 33 वर्ष की आयु में रक्षात्मक मंगल से एक टुकड़ा शनि रेखा की ओर बढ़ा है। वह शनि रेखा में मिलते समय अधूरे द्वीप का निर्माण करता है। अतः इस द्वीप का प्रभाव 42 वर्ष तक है। इन्हें 42 वर्ष तक नया खतरा नहीं लेना चाहिए। जो कर रहे हैं, उसी में मन लगाना चाहिए और एम.कॉम. का विचार छोड़ देना चाहिए, क्योंकि रेखाएं अनुकूल नहीं हैं।

बाएं हाथ में शनि रेखा चंद्र पर्वत से 30 वर्ष में उदित होती है, जिसे 32 और 34 वर्ष की आयु में प्रभाव रेखाएं काटती हैं। जीवन रेखा से शनि पर्वत की ओर जाने वाली एक शाखा 32 वर्ष में उदित

होती है। यह रेखा आगे जाकर धूमिल हो जाती है। 32 वर्ष की आयु में लाभ है, किंतु देर तक ठहरने वाला लाभ नहीं है। अतः इस लाभ को बैंक-बैलेंस या प्रॉपर्टी के रूप में संभालकर रखना चाहिए, किंतु व्यापार जैसा खतरा 42 वर्ष से पूर्व नहीं उठाना चाहिए।

जीवन रेखा और मस्तिष्क रेखा के मध्य के फासले में अनेक रेखाएं एक-दूसरे को काटती हैं। ये पारिवारिक झगड़े हैं, जिन्हें निबटाने के लिए सुबुद्धि का विकास करना चाहिए, पुखराज धारण करने से लाभ होगा।

दाएं हाथ में जीवन रेखा से आक्रामक मंगल की ओर जाने वाली शाखाएं अविकसित आक्रामक मंगल को बल देती हैं। फलस्वरूप व्यक्ति हिम्मत नहीं हारता और आक्रामक मंगल से ही एक प्रभाव रेखा गुरु पर्वत को बढ़ती है। यह महत्त्वाकांक्षा बताती है और इसके पूरे होने का समय हमने 42 वर्ष बता दिया है।

42 वर्ष से 50 वर्ष तक का समय उत्तम है। 50 वर्ष की आयु में शनि रेखा को सूर्य पर्वत की ओर जाने वाली प्रभाव रेखा काटती है और 50 वर्ष के बाद शनि रेखा के टूटे अंश को एक अन्य समान. ांतर रेखा ढकती है। इन तीनों रेखाओं के संयोग से बने शनि पर्वत के नीचे दो त्रिकोण बनते हैं, जो 50 वर्ष के उपरांत धन-संपत्ति का योग बताते हैं। साथ ही क्रॉस के कारण परेशानी बताते हैं। इस आयु में स्वास्थ्य की ओर से भी चौकस रहने की जरूरत है, क्योंकि इस आयु में बुध रेखा जीवन रेखा को काटती है। यह समय स्वास्थ्य की दृष्टि से सावधानी बरतने का है।

रोगों का संकेत चंद्र पर्वत पर टुकड़ों से बनी आड़ी रेखा से मिलता है। इन्हें गले, छाती तथा पेट की ओर के रोगों से सावधान रहना चाहिए। सफेद नाखून के कारण रक्त में हीमोग्लोबिन की मात्रा इन्हें चैक करानी चाहिए और जो सावधानी, आहार चिकित्सक बताए, करनी चाहिए। इससे 55 वर्ष तक दोष का निवारण होगा।

नाखूनों पर खड़ी धारियां तनाव बताती हैं। तनाव से मुक्त होने के लिए इन्हें परहित का कार्य, यथा पक्षियों को दाना डालना या अनेक सेवाओं में कार्य करना, अपने इष्ट के प्रति समर्पण भाव रखना आदि कार्य करने चाहिए। इससे ये 75 वर्ष तक स्वस्थ रहेंगे।

अंगूठे के आधार पर जंजीराकार रेखा तथा बाएं और दाएं अंगूठे के नीचे शुक्र पर्वत पर एक बड़ी तथा एक छोटी स्पष्ट रेखा बताती है कि संतानें अनेक हैं, किंतु अंत तक एक पुत्र और एक पुत्री साथ निभाएंगे।

**हैंड प्रिंट**
**7-ए. दायां हाथ**
इस हाथ की जीवन रेखा भ्रम में डालती है।

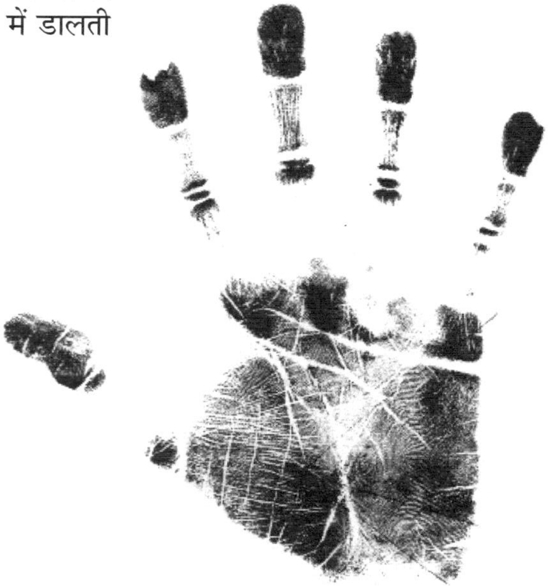

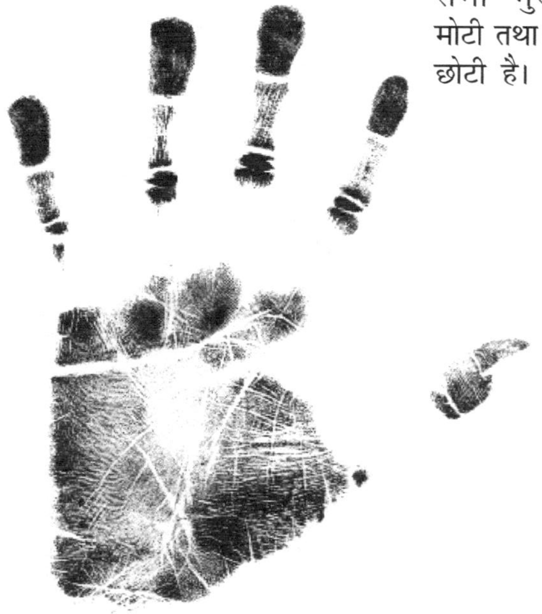

**हैंड प्रिंट**
**7-बी. बायां हाथ**
सभी मुख्य रेखाएं मोटी तथा जीवन रेखा छोटी है।

# हैंड प्रिंट - 7-ए, बी का फलादेश

यह हाथ 28 वर्षीय युवक का है। अर्धकुशल कर्मचारी वर्ग में आता है, सक्रिय हाथ दायां है।

हाथ सख्त है, नाखून छोटे हैं, ऊपर खड़ी धारियां हैं, अंगूठा सामान्य है। उसका दूसरा पर्व बड़ा है। गुरु, सूर्य, आक्रामक मंगल पर्वत अविकसित हैं, बुध विकसित है। शेष पर्वत सामान्य विकसित हैं।

छोटे नाखून तथा सख्त हाथ के व्यक्ति नए विचार स्वीकार नहीं करते। गुरु तथा सूर्य पर्वत का अविकसित होना और बुध का विकसित होने का अर्थ है कि व्यक्ति अपने हित को प्रमुख मानता है और यश, सम्मान का उसकी दृष्टि में कोई महत्त्व नहीं है।

मुख्य रेखाएं और मंगल रेखा मोटी है। दाएं हाथ में जीवन रेखा सीधी है, जो पहली नजर में शनि रेखा का आभास देती है और बाएं हाथ की जीवन रेखा सीधी होने के साथ छोटी भी है। ये लक्षण प्रयत्नों को पूरा फल प्राप्त होने में बाधक हैं। अधूरी जीवन रेखा आर्थिक कठिनाई के साथ पारिवारिक कठिनाई भी बताती है।

दाएं हाथ में जीवन रेखा चंद्र पर्वत तक गई है, जो धनी व्यक्ति के लिए विदेश यात्रा का योग है। निर्धन व्यक्ति के लिए अपने देश में दूर की यात्रा बताता है। यह व्यक्ति निर्धन है।

मंगल रेखा मोटी है और दो शाखायुक्त है। यह दांपत्य जीवन में कठिनाई बताती है। यह मंगल रेखा 32 वर्ष के उपरांत एक अन्य पतली बारीक रेखा के रूप में जीवन रेखा से तनिक दूरी बताती है, जो दूसरे विवाह या यौनेतर संबंध का संकेत है।

इस हाथ में अनेक शनि रेखाएं हैं, किंतु दाएं हाथ की पहली शनि रेखा 22 वर्ष की आयु में चंद्र पर्वत से निकली है, 24 वर्ष में यह रेखा लुप्त होकर पुनः 28 वर्ष की आयु में प्रकट हुई है। 24 से 28 वर्ष तक का समय धन परिवार की दृष्टि से अच्छा नहीं है। 28 के उपरांत रेखा पुनः स्पष्ट हुई है। 29 वर्ष से जीवन रेखा से सूर्य रेखा

निकली है, 30 वर्ष से जीवन रेखा से शनि रेखा निकली है। अतः 28 के उपरांत निरंतर लाभ का योग है।

जीवन रेखा से उदित शनि रेखा 40 वर्ष पर लुप्त होती है, किंतु चंद्र पर्वत से उदित शनि रेखा जारी रहती है। 42 वर्ष से मस्तिष्क रेखा से सूर्य रेखा उदित होती है। ये सभी पक्ष अधूरी शनि रेखा के दोष को ढकते हैं, किंतु सूर्य रेखा का पूरा लाभ नहीं मिलेगा, क्योंकि सूर्य पर्वत धंसा हुआ है अर्थात् प्रयत्नों का फल मिलेगा, किंतु प्रयत्नों की तुलना में कम होगा।

मस्तिष्क रेखा और जीवन रेखा बहुत लंबे समय तक मिली हुई निकली हैं। मस्तिष्क रेखा और जीवन रेखा से अलग होने का समय 21 वर्ष है, तब तक हीनता की भावना बहुत अधिक रही है। उसके बाद मस्तिष्क का विकास हुआ है। मस्तिष्क रेखा मोटी है, इसलिए धन संबंधी कठिनाई स्पष्ट है।

हृदय रेखा मोटी और लंबी है और तर्जनी के निकट से आरंभ है। व्यक्ति पत्नी, परिवार और मित्रों से अधिक आशाएं लगाता है जो पूरी नहीं होतीं, इसलिए मायूसी होती है। फलस्वरूप हृदय रेखा विकृत हो गई है।

दाएं हाथ की बुध रेखा, जीवन रेखा को क्रॉस करने के लिए 55 वर्ष की आयु में पहुंची है, किंतु क्रॉस किए बगैर रुक गई है। इससे भ्रम उपजता है कि जीवन रेखा अंत में दो शाखायुक्त है। इस भ्रम के निवारण के लिए बाएं हाथ की बुध रेखा देखते हैं, जो 50 वर्ष की आयु में जीवन रेखा को क्रॉस करती है। यह अशुभ है, क्योंकि इस रेखा के उपरांत बुध रेखा और अन्य प्रभाव रेखाओं के योग से द्वीप बन रहा है, जो स्वास्थ्य के लिए हानिकारक है। उसके लिए उसे जीवन-शक्तिवर्द्धक उंगली मुद्रा का अभ्यास करना चाहिए, ताकि 65 वर्ष की आयु तक स्वस्थ रह सके।

अंगूठे के आधार पर दो बड़ी तथा एक छोटी संतान रेखाएं हैं, जो दो पुत्र और एक पुत्री का अंत तक सहयोग बताती हैं। 30 वर्ष तक अच्छे समय की प्रतीक्षा करने के लिए प्रभु स्मरण करना चाहिए और तांबा धारण करके सूर्य पर्वत और गुरु पर्वत को बल देना चाहिए।

# 5. भविष्य सुधार के उपाय

## पूजा, अनुष्ठान आदि उपाय

### जप-तप, पूजा-पाठ

कुछ शंकालु जनों को यह आशंका होती है कि उनको हानि पहुंचाने के लिए कोई व्यक्ति उनके अनिष्ट का अनुष्ठान कर रहा है। उस अनिष्ट के निवारण के लिए उन्हें जप-तप, पूजा-पाठ की सलाह देनी चाहिए। इससे शंकालु का मनोबल बढ़ता है और अशुभ का निवारण होता है, किंतु दूसरे के अनिष्ट के लिए किए जाने वाले पूजा अनुष्ठान को रोकना चाहिए। मैला मन सौभाग्य की बजाय दुर्भाग्य की ओर धकेलता है। इसलिए प्रभु से सभी के लिए मंगलकामना करनी चाहिए। इस विषय का प्राचीन श्लोक निम्नलिखित है–

**सर्वे भवन्तु सुखिनः सर्वे सन्तु निरामयाः।**
**सर्वे भद्राणि पश्यन्तु, मा कश्चित्, दुःखभाग भवेत्॥**

इस मंत्र का प्रातः-सायं पाठ करने से मन स्वच्छ होता है और शांति प्राप्त होती है। शांत मन से किया गया जप-पूजन अनेक गुणा फल देता है। अतः प्रत्येक जाप के आरंभ में यह मंगल कामना का श्लोक पढ़ना चाहिए।

इस अध्याय में हम अनेक मंत्र दे रहे हैं, उनका जाप करने से पूर्व यंत्र, मंत्र, तंत्र का भावार्थ बता रहे हैं।

**यंत्र, मंत्र, तंत्र का भावार्थ**

हर युग और हर प्रसंग के अनुसार शब्दों के अर्थ बदलते रहते हैं। 'वैष्णव' शब्द का अर्थ एक युग में 'विष्णु का उपासक' था, अब 'वैष्णव' का अर्थ 'शाकाहारी' समझा जाता है। चाहे वह व्यक्ति

किसी भी देव की पूजा करता है। प्राचीन ग्रंथों में बाधा-निवारण के लिए यंत्र, मंत्र, तंत्र का उल्लेख मिलता है। ये तीनों शब्द बोलचाल की भाषा में जंतर, मंतर, तंतर बन गए और लोग इनका प्रयोग करते समय इनके मूलभाव से दूर हो गए।

'यंत्र' से आशय है– तकनीक द्वारा बाधा निवारण। यदि किसी व्यक्ति की संतान नहीं होती है, तो चिकित्सा करना 'यंत्र' के वर्ग में आता है।

'मंत्र' शब्द से आशय है, अक्षरों या शब्दों का वह क्रमबद्ध विन्यास, जो निरंतर मनन करने के उपरांत सिद्ध हुआ है। ये मंत्र शरीर के भीतरी तंत्र को प्रभावित करते हैं।

'तंत्र' शरीर की भीतरी व्यवस्था है, जिसका स्थूल रूप केंद्रीय स्नायु संस्थान (Central Nervous System) है, इसका सूक्ष्म स्वरूप कुंडलिनी से सहस्रार तक के षटचक्र हैं। इन षटचक्रों के आधारभूत चक्र मूलाधार में कुंडलिनी सुप्तावस्था में रहती है। हठयोग की क्रियाओं द्वारा यह कुंडलिनी मूलाधार से, स्वाधिष्ठान, मणिपूर, अनाहत, विशुद्ध तथा आज्ञाचक्र का भेदन करती हुई मस्तिष्क के तालुस्थान में स्थित सातवें चक्र 'सहस्रार' पर पहुंचती है, तो ब्रह्म का साक्षात्कार होता है। उस समय कोई इच्छा शेष नहीं रहती।

तंत्र साधना परम गुरु की देखरेख में करनी चाहिए, किंतु मंत्र जाप के लिए मात्र श्रद्धा और समर्पण भाव की जरूरत होती है। प्रभु के प्रति समर्पित भाव से मंत्र जाप करने से अशुभ का निवारण होता है।

इस अध्याय में हम अलग-अलग अभिलाषा के लिए अलग-अलग मंत्र बता रहे हैं। उनके साथ यंत्र अर्थात् तकनीक को अपनाने की सलाह भी दे रहे हैं। जैसे डॉक्टर दवाई देने के साथ पथ्य या परहेज बताता है। दस्त आ रहे हों, तो दूध का परहेज किया जाता है, दही को पथ्य मानकर खाने की सलाह दी जाती है। अगर परहेज या पथ्य का ध्यान न दिया तो दवाई का फल घट जाता है। यथा जुकाम की दवा लेने के साथ यदि व्यक्ति 'बर्फ' का परहेज न करे तो दवा का प्रभाव नहीं होता।

## इलाज और पथ्य : दो उदाहरण

20-22 वर्ष का एक युवक मेरे पास हाथ दिखाने आया। वह अत्यंत सुंदर लड़की से विवाह करने का इच्छुक था। उसके पिता बहुत बड़ी संपत्ति छोड़कर परलोक सिधारे थे, किंतु उसके अपने अंदर ऐसी कोई योग्यता नहीं थी कि एक सुंदर कन्या का पिता उसके हाथ में अपनी बेटी का हाथ थमा दे, क्योंकि युवक के चेहरे पर मुर्दनी छाई हुई थी। उसके वस्त्रों में कोई सुरुचि न थी और चेहरे पर चार-पांच दिन की दाढ़ी के खूंटे थे। सिर में बाल भी बेतरतीब थे, जैसे कंघी किए कई दिन गुजर गए हों। उसने अपनी यह हालत अनेक अनुष्ठान करते हुए कर ली थी। सप्ताह के अनेक दिन बाल काटने की उसे वर्जना की गई थी।

हमने उस व्यक्ति को व्रत-अनुष्ठान करने से नहीं रोका, किंतु साथ ही कहा कि सप्ताह में कुछ दिन यदि बाल काटने का निषेध है, तो जिस दिन बाल कटाने की अनुमति हो, उस दिन दाढ़ी, बाल आदि की छंटाई कराया करो। अनुष्ठान के साथ अपने व्यक्तित्व की ओर अवश्य ध्यान दो, अन्यथा कोई सुंदर कन्या तुम्हारे धन के कारण तुम्हारी पत्नी बन सकेगी, प्रेम के कारण नहीं।

एक स्त्री की अपने पति से नहीं बनती थी। खटपट से दुःखी होकर हमारे पास हाथ दिखाने आई। हमने उसका हाथ देखकर कहा, 'तुम्हारा पति दबंग स्वभाव का है, तुम्हारी बात नहीं मानता, इसलिए झगड़ा होता रहता है।' उसने स्वीकार किया। यह बताने का हमारा आधार यह था कि जीवन रेखा और मस्तिष्क रेखा के उदय-स्थल में फासला काफी था। नाखून छोटे थे। इससे स्पष्ट था कि स्त्री मनमाने स्वभाव की है। यदि पति दबने वाला होता, तो इन दोनों में समन्वय हो जाता। पति दबंग स्वभाव का होगा, तभी इस स्त्री को यहां आना पड़ा।

केवल 'मंत्र' जाप से उसका अभीष्ट पूरा नहीं हो सकता था, इसलिए हमने उसे मंत्र पाठ करने के साथ यह भी सलाह दी कि अपने अंदर सहन-शक्ति भी उत्पन्न करो, तभी तुम्हारे संबंध सुधरेंगे।

इस भूमिका के उपरांत हम कार्यसिद्धि के लिए कुछ मंत्र बता रहे हैं। इनका प्रतिदिन प्रातःकाल में एक माला का जाप करना चाहिए।

## शुभ विवाह के लिए मंत्र

जिन कन्याओं के विवाह में बाधा आती है या विवाहित स्त्रियों की अपने पति से अनबन रहती है, वे हर वर्ष नवरात्रि में उपवास करें और नित्य प्रातः इस मंत्र का जाप करें–

**हे गौरि शंकरार्धांगि यथा त्वं शंकर प्रिया।**
**तथा मां कुरु कल्याणि कांत कांता सुदुर्लभाव॥**

पुरुष शुभ विवाह के लिए सोमवार को उपवास रखें और इस मंत्र का जाप करें–

**ॐ नमः शिवायः।**

## धन, बल और विद्या दाता मंत्र

**ॐ श्री ह्रीं क्लीं नमः**

इस मंत्र में 'ॐ' ईश्वर का नाम है, जो सकल सृष्टि का कर्ता है। 'श्री' लक्ष्मी का जो धन की देवी है, 'ह्री' दुर्गा का, जो बल देती है और 'क्लीं' सरस्वती का, जो विद्या और बुद्धिदायिनी है। ये तीनों देवियां ईश्वर की विभूतियां हैं। इस एक मंत्र के जाप से चार इष्टों का जाप हो जाता है।

## संकट निवारक मंत्र

ऋण, मुकदमा, रोग आदि कष्टों और संकट के निवारण के लिए प्रत्येक पक्ष की चतुर्थी को उपवास रखें और इस मंत्र का प्रतिदिन जाप करें–

**ॐ नमः गणेशाय।**

## अन्य शुभकारक मंत्र तथा उपाय

जिस व्यक्ति की जिस देव में आस्था होती है, उसे उस देव के मंत्र का जाप करने से लाभ मिलता है। यथा हनुमान भक्त हर प्रकार के कष्ट निवारण के लिए 'हनुमान चालीसा' का पाठ करें। अन्य मतों के अनुयायी जनों के लिए स्तुति के मंत्र दे रहे हैं।

## जैन मत के अनुयायी इस मंत्र का जाप करें

णमो अरिहंताणं
णमो सिद्धाणं
णमो आइरियाणं
णमो उवज्झयाणं
णमो लोए सव्व साहूणं

इसी मंत्र का लघु रूप इस प्रकार है—

ओं असिआउसा नमः।

## सिख जनों के लिए मूत्र मंत्र

एक ओंकार सतिनामु करता पुरखु
निरभउ निरवैरि अकाल मूरति
अजूनी सै भंग गुर प्रसादि।

## राम भक्तों के लिए स्तुति मंत्र

राम रामेति रामेति रमे रामे मनोरमे।
सहस्त्र नाम तत्तुल्यं राम नाम वरानवे॥

## दुर्गा भक्तों के लिए स्तुति मंत्र

ॐ ह्रीं दुं दुर्गायै नमः।

## कृष्ण भक्तों के लिए स्तुति मंत्र

ॐ नमो भगवते वासुदेवाय।

## विष्णु भक्तों के लिए उपासना

शान्ताकारं भुजगशयनम् पद्मनाभं सुरेशम्,
विश्वाधारं गगन सदृशं मेघ वर्ण शुभांगम्।
लक्ष्मीकान्तं कमलनयनं योगिभिर्ध्यामनगम्यम्,
वन्दे विष्णुं भवभयहरं सर्वलोकैकनाथम्॥

### सर्व सुखकारक गायत्री मंत्र

**ॐ भूर्भुवः स्वः। तत् सवितुर्वरेण्यं**
**भर्गो देवस्य धीमहि। धियो यो नः प्रयोदयात्।**

### संतान सुख के लिए मंत्र

**ॐ श्री ह्रीं क्लीं ग्लौं देवकी सुत**
**गोविंद वासुदेव जगत्पते। देहि मे**
**तनयं कृष्ण त्वामहं शरणं गतः।।**

इस मंत्र का हर प्रातः जाप करें। संतान के इच्छुक पति-पत्नी भाद्रपक्ष शुक्ल की सप्तमी को अपने इष्ट का पूजन करें और उपवास रखें।

जिनकी कन्या संतान होती हैं, वे नर संतान की प्राप्ति की आशा से परिवार नियोजन नहीं अपनाते हैं और अधिक कन्या उत्पन्न करते जाते हैं। वे कन्या संतान को प्रभु का प्रसाद समझकर स्वीकार करें और नर संतान का धार्मिक लाभ पाने के लिए हर वर्ष भीष्माष्टमी के दिन दान करें। इससे पुत्र द्वारा मुखाग्नि न देने का दोष नहीं होता और श्राद्ध तर्पण की आवश्यकता नहीं रहती। हर वर्ष माघ मास के शुक्ल पक्ष की अष्टमी 'भीष्माष्टमी' होती है।

## लाभदायक मंत्र

### धन और समृद्धि का मंत्र

ओं महादेव्यै च विद्महे विष्णुपत्रै च धीमहि।
तन्नो लक्षी प्रचोदयात्।।

### विवाह के लिए मंत्र

हे गौरि शंकरार्धागिं तथा त्वम् शंकरप्रिये।
तथा माम् कुरु कल्याणि कांत कांतम् सुदुर्लभम्।।

### स्वास्थ्य का मंत्र

माम् भयात् सर्वतो रक्ष श्रीयम् वर्धय सर्वदा।
आरोग्यम् देहि मे देव, देव देव नमोस्तुते।।

### इच्छापूर्ति का मंत्र

नमः सर्वनिवासाय सर्वशक्तियुताय ते।
ममाभीष्ठम् कुरु ष्वासु शरणागत वत्सल।।

### विद्या के लिए मंत्र

प्रणो देवि सरस्वति वाजेभिर्वाजिनीवती।
धीनामवृत्यवतु।।

## प्रतिरोधी एवं कानूनी केस को जीतने का मंत्र

### नृसिंह मंत्र–

ओं वज्रनखाय विद्महे तीक्ष्णदंगष्ट्राय धीमहि।
तन्नो नारसिंह प्रचोदयात्।।
दुर्गा मंत्र–
ओं कात्यायनाय विद्महे कन्यकुमारि धीमहि।
तन्नो दुर्गि प्रचोदयात्।।
मृत्युंजय मंत्र–
ओं त्र्यंबकम् यजामहे सुगंधिम् पुष्टिवर्धनम्।
उर्वारुकमिव बंधनात् मृत्योर्मुक्षीय मामृतात्।।

### समृद्धि के लिए मंत्र

इदम् विष्णुर्विचक्रमे त्रेधा निदधे पदम्।
समूह्ळमस्य पागुंसुरे।।

### संतान प्राप्ति मंत्र

देवकीसुत गोविंद वासुदेव जगत्पते।
देहिमे तनयं कृष्णा त्वामहम् शरणंगतः।।

### वयक्तित्व विकास का मंत्र

ओं वैश्वानराय विद्महे लालीलाय धीमहि।
तन्नो अग्नि प्रचोदयात्।।

जो जिस धर्म, संप्रदाय या मत का अनुयायी होता है, अपने मत के

इष्ट का नमन करने से उसे इच्छित फल मिलता है। जो लोग मंत्रों पर विश्वास नहीं करते, उन्हें मंत्र-जाप का पूरा लाभ नहीं मिलता। वह अन्य अध्याय में दिए गए यंत्र या व्रत-उपवास का अभ्यास कर सकते हैं।

# ग्रह के अनुकूल यंत्र एवं व्रतोपवास

## चंद्र यंत्र

चंद्र को अनुकूल बनाए रखने हेतु चंद्र यंत्र को धूप-द्वीप से पूजनकर सोमवार को शुक्ल पक्ष में प्रातः काल स्थापित करें या धारण करें।

## चंद्रमा का व्रतोपवास

जिस दिन सोमवार को चित्रा नक्षत्र हो, उस दिन से चंद्रमा का व्रत प्रारंभ करें। विधान के अनुसार, 54 सोमवार तक अथवा न्यूनतम सात सोमवार व्रत आवश्यक है। व्रत के दिन श्वेत वस्त्र धारण करें एवं श्वेत वस्तुओं का दान करें तथा चंद्रमा के मंत्र का यथाशक्ति मोती की माला पर जप करें।

## चंद्र मंत्र

इनके शुभ प्रभावों की वृद्धि हेतु गायत्री मंत्र का प्रातः स्नान के बाद 11, 21 या 108 बार जप करना लाभप्रद रहेगा।

## सूर्य यंत्र

सूर्य को अनुकूल बनाए रखने हेतु सूर्य यंत्र को धूप-दीप से पूजन कर, रविवार को शुक्ल पक्ष में प्रातःकाल धारण करें या स्थापित करें।

## सूर्य का व्रतोपवास

इनके लिए रविवार का व्रत रखना लाभप्रद एवं रोग मुक्तिकारक रहेगा। एक समय भोजन करें। भोजन के साथ नमक का सेवन न करने से यह विशेष फलदायक रहता है। व्रत के दिन भोजन करने से पूर्व, प्रातः स्नान के पश्चात सुगंधित अगरबत्ती जलाकर 'आदित्य हृदय स्तोत्र' का पाठ करें। तब इनको स्वयं अनुभव होगा कि ये विभिन्न बाधाओं से मुक्त हो रहे हैं एवं बीमारियां इनसे दूर रहेंगी। यह व्रत

एक वर्ष के 30 बार या 12 रविवारों को करें। व्रत के दिन लाल वस्त्र धारण करें, सूर्य गायत्री मंत्र से सूर्य को अर्घ्य दें। तांबे का अर्घ्य पात्र लें, उसमें जल भरें। जल में लाल चंदन, रोली, चावल, लाल फूल एवं दूब डालकर सूर्य भगवान का दर्शन करते हुए, अर्घ्य प्रदान करें। तत्पश्चात् सूर्य के मंत्र का यथाशक्ति सूर्य मणि माला पर जप करें।

## गुरु यंत्र

गुरु को अनुकूल बनाए रखने हेतु गुरु यंत्र को धूप-दीप से पूजन कर गुरुवार को शुक्ल पक्ष में प्रातःकाल धारण करें या स्थापित करें।

## गुरु का व्रतोपवास

बृहस्पतिवार को बृहस्पति अरिष्ट दोष निवारण हेतु व्रत करें। बृहस्पतिवार को पीले वस्त्र धारण कर व्रत करें। पीला भोजन ग्रहण करें एवं पीले पदार्थों का दान करें। यह व्रत तीन वर्ष या एक वर्ष या 16 बृहस्पतिवारों को करें। यथाशक्ति पुत्रजीवी की माला पर गुरु मंत्र का जप करें।

## शुक्र यंत्र

शुक्र को अनुकूल बनाए रखने हेतु शुक्र यंत्र को धूप-दीप से पूजन कर, सोने की जंजीर या लाल धागे में, शुक्रवार को शुक्ल पक्ष में प्रातःकाल धारण करें या स्थापित करें।

## शुक्र का व्रतोपवास

शुक्रवार को शुक्र अरिष्ट दोष निवारण हेतु व्रत करें। 31 या 21 शुक्रवारों को शुक्र का व्रत करें। सफेद वस्त्र धारण करें एवं सफेद वस्तुओं का दान करें। यथाशक्ति शुक्र मंत्र का स्फटिक माला पर जप करें।

## बुध यंत्र

बुध को अनुकूल बनाए रखने हेतु बुध यंत्र को धूप-दीप से पूजन कर, सोने की जंजीर या पीले धागे में, बुधवार को शुक्ल पक्ष में प्रातःकाल धारण करें या स्थापित करें।

## बुध का व्रतोपवास

बुधवार को बुध अरिष्ट दोष निवारण हेतु व्रत करें। 45 या 17 बुधवारों को यह व्रत करें। हरे रंग के कपड़े पहनें एवं हरे पदार्थों का दान करें। तुलसी के पत्ते खाना एवं चढ़ाना लाभपद्र रहता है। पन्ना या मरगज की माला पर बुध मंत्र का जाप करें।

## मंगल यंत्र

मंगल को अनुकूल बनाए रखने हेतु मंगल यंत्र को धूप दीप से पूजन कर, मंगलवार को शुक्ल पक्ष में प्रातःकाल धारण करें या स्थापित करें।

## मंगल का व्रतोपवास

मंगलवार को भौम अरिष्ट दोष निवारण हेतु व्रत करें। यह व्रत 45 मंगलवार या कम-से-कम 21 मंगलवारों को करें। लाल वस्त्र धारण करें एवं लाल वस्तुओं का दान करें। यथाशक्ति मंगल के मंत्र का मूंगे की माला पर जप करें।

## शनि यंत्र

शनि को अनुकूल बनाए रखने हेतु शनि यंत्र को धूप-दीप से पूजन कर, शनिवार को शुक्ल पक्ष में प्रातःकाल धारण करें या स्थापित करें।

## शनि का व्रतोपवास

शनिवार को शनि अरिष्ट दोष निवारण हेतु व्रत करें। शनिवार को काले, नीले वस्त्र धारण कर, 51 या 19 शनिवारों को व्रत करें। शरीर में तेल मालिश, तेल दान तथा पीपल के वृक्ष की पूजा करें। शनि मंत्र का यथाशक्ति रुद्राक्ष माला पर जप करें।

## केतु यंत्र

केतु को अनुकूल बनाए रखने हेतु केतु यंत्र को धूप-दीप से पूजन कर, शनिवार को शुक्ल पक्ष में प्रातःकाल धारण करें या स्थापित करें।

## केतु का व्रतोपवास

केतु के अरिष्ट दोष निवारण हेतु 51 या 19 बुधवारों को व्रत करें। केतु मंत्र का यथाशक्ति रुद्राक्ष या लखुनिया की माला पर जप करें।

## राहु यंत्र

राहु को अनुकूल बनाए रखने हेतु राहु यंत्र को धूप-दीप से पूजन कर, शनिवार को शुक्ल पक्ष में प्रातःकाल धारण करें या स्थापित करें।

## राहु का व्रतोपवास

शनिवार को राहु अरिष्ट दोष निवारण हेतु व्रत करें। शनिवार को 51 या 19 शनिवारों को व्रत करें। तेल दान करें तथा पीपल के वृक्ष की पूजा करें। राहु मंत्र का यथाशक्ति रुद्राक्ष माला पर जप करें।

## धन, बल और विद्या दाता मंत्र

**ॐ श्री ह्रीं क्लीं नमः**

# संकटमोचन हनुमानाष्टक

बाल समय रवि भक्षि लियो तब, तीनहुं लोक भयो अंधियारो।
ताहि सों त्रास भयो जग को, यह संकट काहु सों जात न टारो।।
देवन आनि करी बिनती तब, छोड़ि दियो रवि कष्ट निवारो।
को नहिं जानत है जग में कपि, संकटमोचन नाम तिहारो। को-1

बालि की त्रास कपीस बसै गिरि, जात महाप्रभु पंथ निहारो।
चौंकि महा मुनि साप दियो तब, चाहिय कौन बिचार बिचारो।
कै द्विज रूप लिवाय महाप्रभु, सो तुम दास के सोक निवारो। को-2

अंगद के संग लेन गए सिय, खोज कपीस यह बैन उचारो।
जीवत ना बचिहो हम सों जु, बिना सुधि लाए इहौं पगु धारो।
हेरि थके तट सिंधु सबै तब, लाय सिया-सुधि प्रान उबारो। को-3

रावन त्रास दई सिय को सब, राक्षसि सों कहि सोक निवारो।
ताहि समय हनुमान महाप्रभु, जाय महा रजनीचर मारो।
चाहत सीय असोक सों आगिसु, दै प्रभु मुद्रिका सोक निवारो। को-4

बान लग्यो उर लछिमन के तब, प्रान तजे सुत रावन मारो।
लै गृह बैद्य सुषेन समेत, तबै गिरि द्रोन सु बीर उपारो।
आनि सजीवन हाथ दई तब, लछिमन के तुम प्रान उबारो। को-5

रावन युद्ध अजान कियो तब, नाग कि फांस सबै सिर डारो।
श्री रघुनाथ समेत सबै दल, मोह भयो यह संकट भारो।
आनि खगेश तबै हनुमान जु, बंधन काटि सुत्रास निवारो। को-6

बंधु समेत जबै अहिरावन, लै रघुनाथ पाताल सिधारो।
देवहिं पूजि भली विधि सों बलि, देउ सबै मिलि मंत्र बिचारो।
जाय सहाय भयो तब ही, अहिरावन सैन्य समेत संहारो। को-7

काज किए बड़ देवन के तुम, बीर महाप्रभु देखि बिचारो।
कौन सो संकट मोहिं गरीब को, जो तुमसों नहिं जात है टारो।
बेगि हरो हनुमान महाप्रभु, जो कछु संकट होय हमारो। को-8

**॥ दोहा ॥**

लाल देह लाली लसे, अरु धरि लाल लंगूर।
बज्र देह दानवदलन, जय जय जय कपि सूर।।

**इंस्टीट्यूट ऑफ पामिस्ट्री**
**W-21, ग्रेटर कैलाश पार्ट-1,**
**नई दिल्ली - 110048 (भारत)**
फोन - 41630337/29242432
मोबाइल - 9910446002

## इंस्टीट्यूट ऑफ पामिस्ट्री की पुस्तकें

- पामिस्ट्री के गूढ़ रहस्य
- पामिस्ट्री के वैज्ञानिक और व्यावहारिक सूत्र
- 50 हैंडप्रिंट (फलादेश तथा उपाय सहित)
- पामिस्ट्री के अनुभूत प्रयोग भाग 1, 2, 3
- पामिस्ट्री गाइड
- ग्रह-नक्षत्रों द्वारा भाग्य निर्माण

## दयानंद वर्मा रचित धर्म, संस्कृति मनोविज्ञान की पुस्तकें

- श्रीमद्भगवद्गीता : आधुनिक व्याख्या
- ध्यान योग : कुछ सरल विधियां
- ब्रह्मज्ञान का यथार्थ
- मानसिक समस्याएं और हम

## उपन्यास कहानियां तथा अन्य रोचक ज्ञानवर्द्धक पुस्तकें

- कलजुगी उपनिषद (पुरस्कृत उपन्यास)
- नई सोच की कहानियां
- आने वाले कल की कहानियां
- जिंदाबाद मुर्दाबाद (उपन्यास)
- पश्चिम के तीन रंग (यात्रा वृत्तांत)
- यौन व्यवहार अनुशीलन
- कामभाव की नई व्याख्या

□